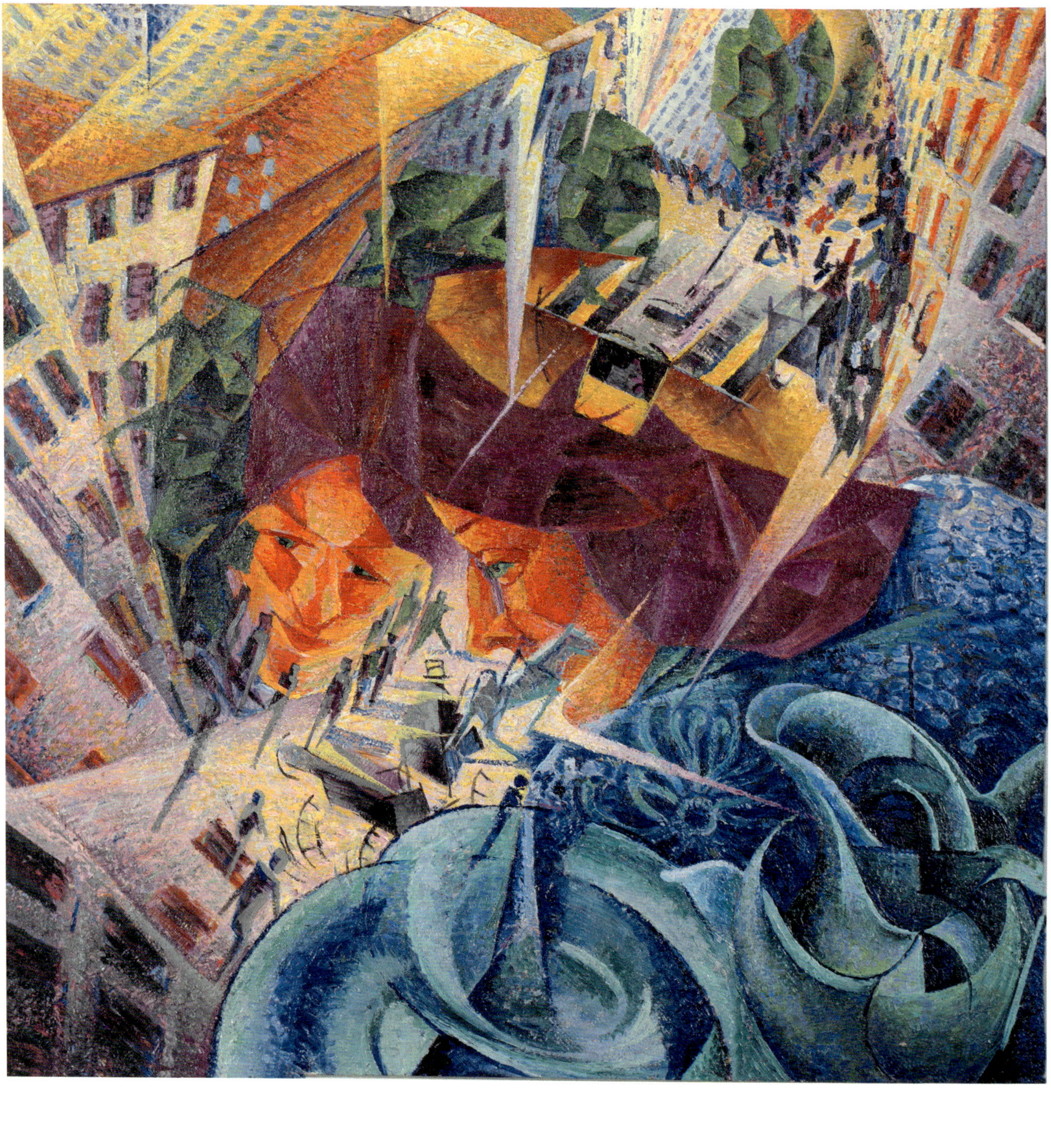

Sylvia Martin
Uta Grosenick (Éd.)

Futurisme

TASCHEN

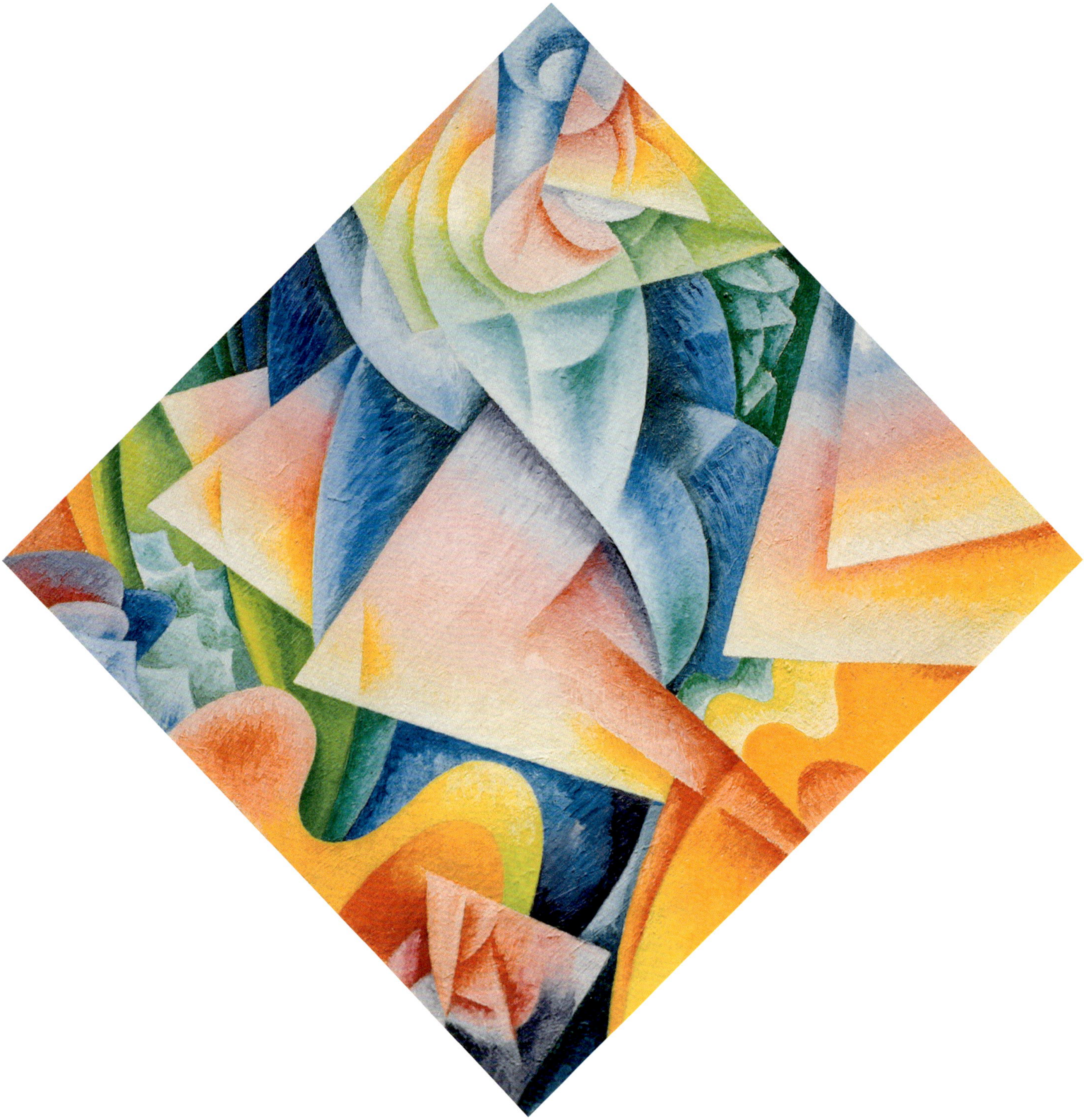

Sommaire

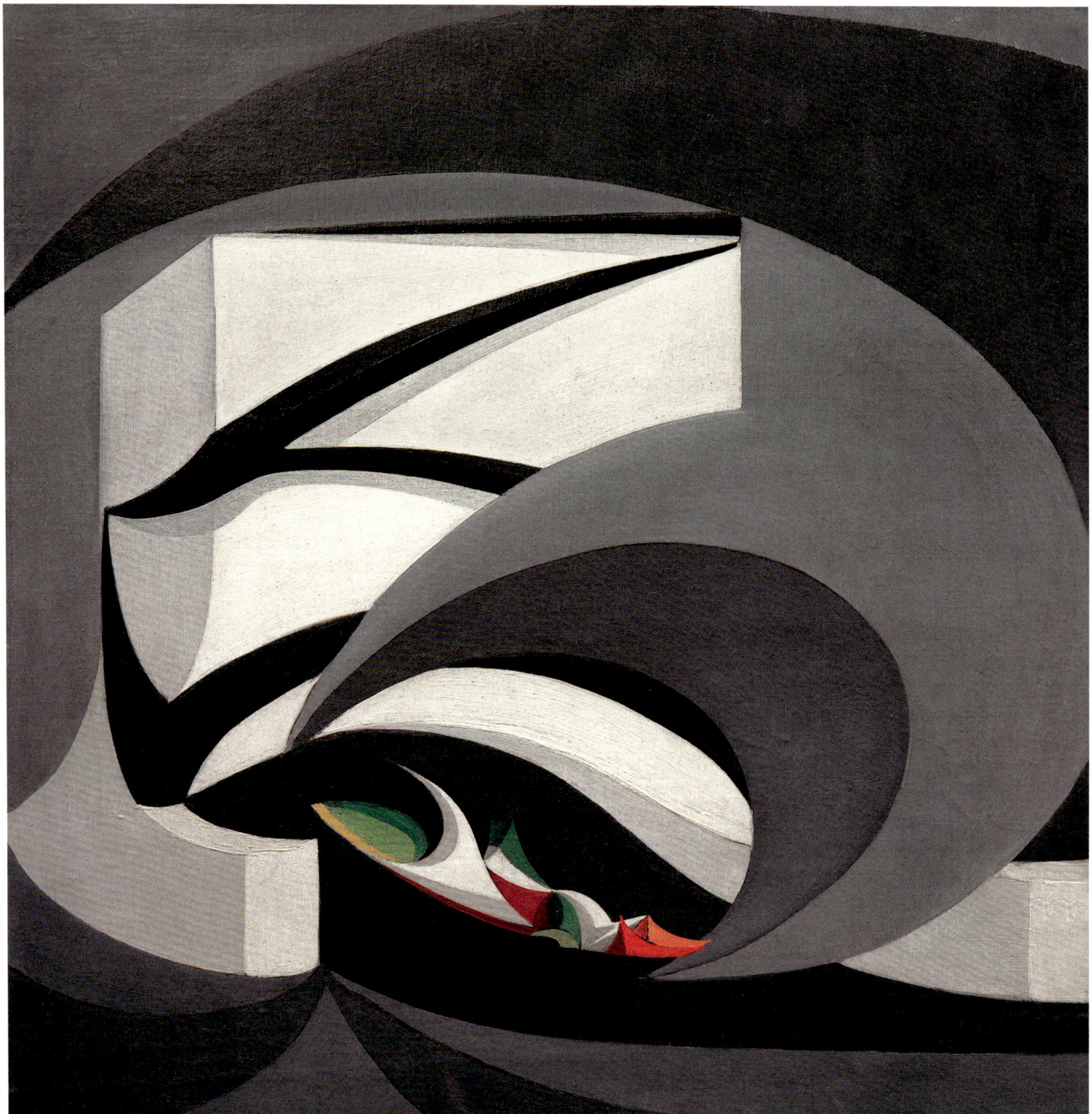
BALLA FUTURISTA 1915

Art + Action + Vie = Futurisme

L'année 1909 marque un tournant décisif dans l'évolution culturelle de l'Italie. Il y a longtemps que les traditions formelles du monde antique, cultivées depuis des siècles par une communauté internationale d'amateurs d'art assidus, ainsi que l'idée d'une Arcadie éternelle maintenue vivace par des voyageurs jusque tard dans le XIXe siècle se sont détériorées à l'intérieur du pays qui les a vues naître.

Lorsque Johann Wolfgang von Goethe arrive à Rome en 1786 après un long voyage, il note dans son journal qu'il ne pourrait posséder autant de trésors mais que ceux-ci doivent servir sur place toute la vie pour le guider lui et d'autres et les faire progresser. Jusqu'à ce jour, les caractéristiques stylistiques et les valeurs classiques du monde antique sont transmises à des flots de touristes venus admirer ses ruines.

Au XIXe siècle, cette culture continue de se nourrir d'un passé glorieux et on ne note pas de nouvelle approche. Dans la seconde moitié du XIXe siècle, l'Italie emprunte une voie difficile sur le plan social, politique et économique pour devenir une nation unifiée et moderne, et l'époque du Risorgimento contribue à inhiber les forces émancipatoires. Les Macchiaioli, les peintres de taches (macchia), dont la facture spontanée et vitale correspond sur le plan artistique à la nouvelle orientation politique en Italie, sont bien pâles comparés aux impressionnistes français qui les ont immédiatement précédés.

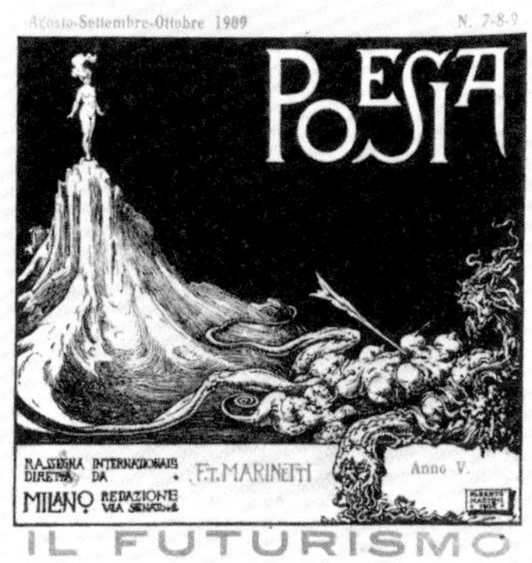

Couverture de la revue *Poesia*, 1909

Visions mythiques d'un monde nouveau

Et vient le temps des bilans, celui où l'Italie se met à la recherche d'une nouvelle orientation et tente de s'intégrer dans les rangs des courants actuels et progressistes modernes, tels l'expressionnisme et le cubisme naissant. Le « Manifeste du futurisme » publié le 20 février 1909 à la une du *Figaro* par Filippo Tommaso Marinetti est l'acte de naissance du mouvement éponyme. Marinetti écrira plus tard avoir hésité un instant « entre le dynamisme et l'électricité. Mon cœur italien battit plus fort quand mes lèvres, d'une voix forte, inventèrent le mot Futurisme. C'était la nouvelle formule de l'art-action ». Au cours des trois décennies suivantes, le mouvement réunira de nombreux artistes issus de la littérature, des beaux-arts, du théâtre, de l'artisanat d'art, de la musique et de la photographie. Leur objectif commun est de renouveler tous les thèmes de la vie sociale et artistique, les progrès technologiques et scientifiques livrant le point de départ et la norme de leurs idées.

Le futurisme n'est donc pas un mouvement d'avant-garde s'efforçant exclusivement d'imposer des innovations esthétiques et formelles, comme le fait le cubisme par exemple, il s'agit bien d'un mouvement vital. Les artistes aux personnalités les plus diverses partagent cette vision, ce qui enrichit le mouvement, mais le rend aussi sensible

Giacomo Balla
Drapeaux sur l'autel de la patrie, 1915
Huile sur toile, 100 x 100 cm
Rome, Galleria Nazionale d'Arte Moderna e Contemporanea

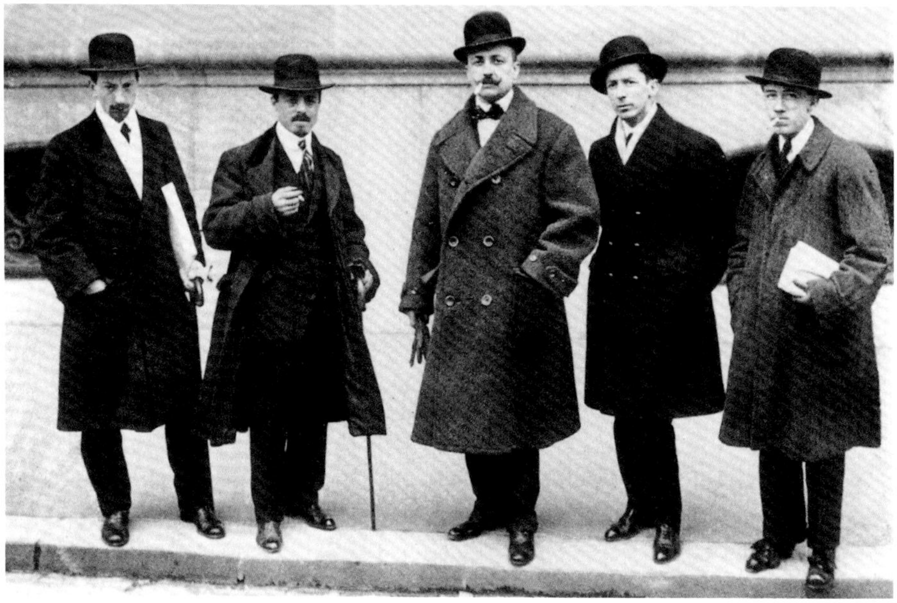

Les Futuristes à Paris, 1912
DE GAUCHE À DROITE
Luigi Russolo, Carlo Carrà, Filippo Tommaso Marinetti, Umberto Boccioni, Gino Severini
Collection particulière

aux controverses et aux scissions. Ainsi le groupe futuriste qui s'avère souple en ce qui concerne sa composition, sa chronologie et sa situation géographique, connaîtra des hauts et des bas jusqu'à sa disparition définitive dans la première moitié des années 1940. Marinetti restera longtemps le chef de file incontesté du mouvement.

Né en 1876 à Alexandrie en Égypte, il étudie le droit avant de se consacrer à la littérature et à la poésie. Il se sent aussi bien à l'aise à Paris où il a fait ses études qu'à Milan où sa famille s'est établie. En 1905, il fonde à Milan la maison d'édition et le magazine *Poesia* qui offre un forum au lyrisme international et deviendra le premier organe du futurisme. Avec *La Voce*, *Lacerba* et *Italia Futurista*, toutes sises à Florence, apparaissent ensuite d'autres revues culturelles qui n'embrassent pourtant pas toutes sans réserves les doctrines futuristes.

En France comme en Italie, Marinetti fait des tournées de conférences dans lesquelles il récite des œuvres de poètes romantiques et symbolistes comme Charles Baudelaire, Stéphane Mallarmé, Arthur Rimbaud ou Gustave Kahn. On observe de bonne heure chez Marinetti des traits qu'il développera résolument au service du mouvement futuriste : sa rhétorique verbale et écrite tranchante, son mode de communication par le biais des médias de masse et d'un réseau international.

Le manifeste devient un moyen de diffusion majeur qu'utilisent pratiquement tous les membres du groupe futuriste. Le spiritus rector Marinetti établit la norme. En publiant l'article du 20 février 1909, il emprunte la forme linguistique de la manifestation, c'est-à-dire qu'il rédige une proclamation destinée à la communauté.

Sans même analyser ne fût-ce qu'en partie la situation culturelle et sociale en Italie, Marinetti proclame un nouvel état et une nouvelle compréhension du monde en onze points :

1. « Nous voulons chanter l'amour du danger, l'habitude de l'énergie et de la témérité. » (...)
4. « Nous déclarons que la splendeur du monde s'est enrichie d'une beauté nouvelle, la beauté de la vitesse. » (...)
7. « Il n'y a plus de beauté que dans la lutte. Pas de chef-d'œuvre sans un caractère agressif. » (...)
9. « Nous voulons glorifier la guerre – seule hygiène du monde –, le militarisme, le patriotisme, le geste destructeur des anarchistes, les belles idées qui tuent, et le mépris de la femme. » (...)

En présentant un manifeste sous cette forme, Marinetti, qui est un communicateur né, espère jeter un pont entre l'artiste et l'œuvre d'art d'une part, et le public d'autre part, devenus au XIXe siècle étrangers l'un à l'autre. Avec éloquence et un esprit exclusif et absolu, Marinetti veut rompre avec la tradition. Il veut démolir les musées et les bibliothèques, les endroits où l'on conserve et l'on collectionne. « Musées, cimetières ! … Identiques vraiment dans leur sinistre coudoiement de corps qui ne se connaissent pas. » Le passéisme qui regroupe tout ce que l'Italie a d'arriéré doit être remplacé par le futurisme. Le futurisme doit être porté par les artistes eux-mêmes comme un drapeau du mouvement.

Chantre de la modernité, il exalte la technologie, la vitesse, le « mouvement agressif » dans une société dont les structures ont été profondément transformées par l'industrialisation. L'automobile – pour Marinetti « l'automobile rugissante, qui a l'air de courir sur de la mitraille, est plus belle que la *Victoire de Samothrace* » –, le tramway, le téléphone, l'avion et les chemins de fer ont profondément modifié l'image de la rue et l'idée que nous nous faisons du monde depuis la fin du XIXe siècle. Les distances s'amenuisent, les perspectives sont raccourcies ou décalées, et tout semble se mouvoir plus rapidement.

« Et boutez donc le feu aux rayons des bibliothèques ! Détournez le cours des canaux pour inonder les caveaux des musées ! … À vous les pioches et les marteaux ! Sapez les fondements des villes vénérables ! »
— FILIPPO TOMMASO MARINETTI

Pour Marinetti, les signes visibles d'un nouveau modèle de vie se manifestent dans les produits de la révolution industrielle dont il fait les fétiches d'une attitude marquée par la violence et la rébellion, un élan révolutionnaire qui symbolise l'avenir. « Enfin la mythologie et l'idéal mystique sont surpassés », écrit Marinetti – il n'empêche que le premier manifeste futuriste livre exactement cela, un mythe de création : au cours d'une nuit de veille, ses amis et lui-même prennent conscience de leur environnement technoïde, dont les bruits et les odeurs montent jusqu'à eux. « Comme nous écoutions la prière exténuée du vieux canal et crisser les os des palais moribonds dans leur barbe de verdure, soudain rugirent sous nos fenêtres les automobiles affamées. »

Les amis sortent de la maison. « Nous nous approchâmes des trois machines renâclantes pour flatter leur poitrail. » La course sauvage au volant des bolides s'achève dans un fossé. « Oh ! maternel fossé, à moitié plein d'une eau vaseuse ! Fossé d'usine ! J'ai savouré à pleine bouche ta boue fortifiante. » Le pilote et son véhicule sortent rafraîchis de la fange ; « portant leurs bras foulés en écharpe » mais emplis d'une nouvelle vitalité, les amis dictent leurs « premières volontés », les onze propositions mentionnées ci-dessus, et entonnent un chant d'adieu à l'Italie de leurs pères.

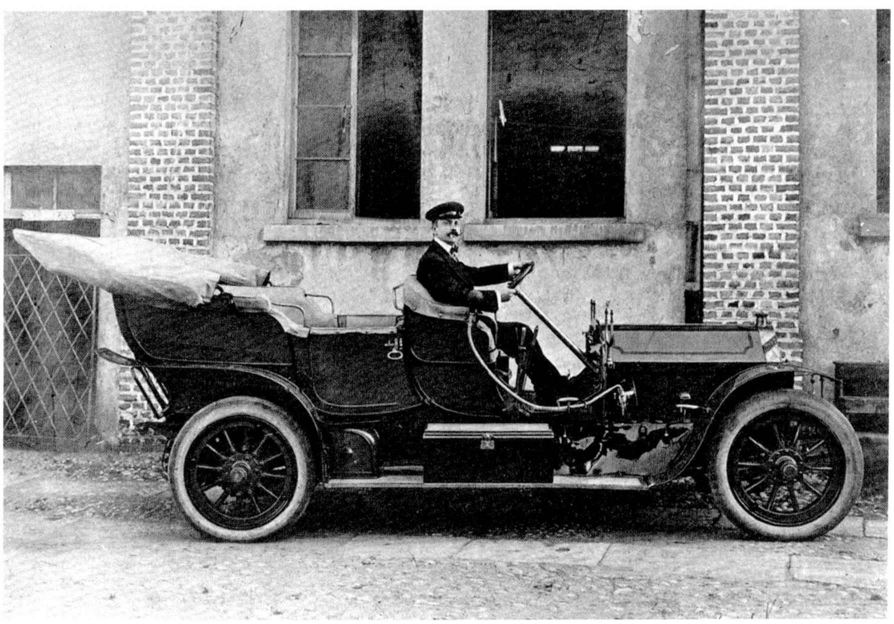

Filippo Tommaso Marinetti dans sa voiture, vers 1908

« … une automobile rugissante, qui a l'air de courir sur de la mitraille, est plus belle que la Victoire de Samothrace. »
— FILIPPO TOMMASO MARINETTI

« … quelle joie que la vôtre à mon peuple de sens voir ouïr flairer boire tout tout tout taratatatatata les mitrailleuses crier se tordre sous 1 000 morsures gifles traak-traak coups de trique coups de jouet pic pac poum-toumb jongleries bonds de clowns en plein ciel hauteur 200 mètres c'est la fusillade. En contrebas esclaffements de marécages rires buffles chariots aiguillons piaffe de chevaux caissons flic flac zang zang chaaak chaaak cabrement pirouettes patatraak éclaboussements crinières hennissements iiiiiii tohubohu tintements 3 bataillons bulgares en marche croook-craaak… »

— FILIPPO TOMMASO MARINETTI

Si Marinetti glorifie les derniers progrès techniques, il ne s'intéresse pas aux conditions réelles de travail et de production qui règnent dans les usines du nord de l'Italie. Il ne prend pas en compte l'homme avec lequel les grands industriels avides d'expansion jouent à la balle, et qui est la victime impuissante de l'injustice sociale. Au lieu de cela, il présente dans son roman paru en 1910 *Mafarka le Futuriste, Roman africain*, un « surhomme », une entité hybride homme-machine, réponse subjective à l'univers technologique objectif.

Ce Titan, né sans l'intermédiaire d'une femme, n'a pas de souvenirs sentimentaux. Il ne vit que pour l'instant et y décharge sans inhibition sa vitalité et sa force destructrice. Par sa volonté radicale de renouveau, sa puissance prométhéenne et sa polémique vigoureuse, la vision mythique d'un monde nouveau que déploie Marinetti rappelle inévitablement le livre de Nietzsche *Ainsi parlait Zarathoustra*, paru de 1883 à 1885 et que de nombreux artistes se devaient de lire au tournant du siècle et plus tard. Le Zarathoustra de Nietzsche dispense ses enseignements au « surhomme » qui doit remplacer le « dernier homme » que sa mollesse prive à jamais d'avenir. Le philosophe allemand se dresse lui aussi contre l'idéologie bourgeoise figée et sa critique ne ménage aucun domaine, qu'il s'agisse de l'Église, de l'État, de la littérature ou de la science.

Le procès spectacle mené contre Marinetti – il est accusé de contrevenir à la morale et à la décence –, l'année de parution de l'ouvrage à Milan révèle l'impact réel de *Mafarka le futuriste*. Marinetti, qui assure sa défense lui-même, sera finalement acquitté, mais ce cas attire l'attention sur deux points essentiels : d'une part la divergence effective qui existe entre les visions novatrices des futuristes et l'idéologie de la société bourgeoise en Italie ; de l'autre la possibilité de rendre accessibles à tous dans un spectacle public les idées futuristes, et ce de manière extrêmement efficace.

Luigi Russolo et Ugo Piatti avec ses intonarumori, Milan 1914

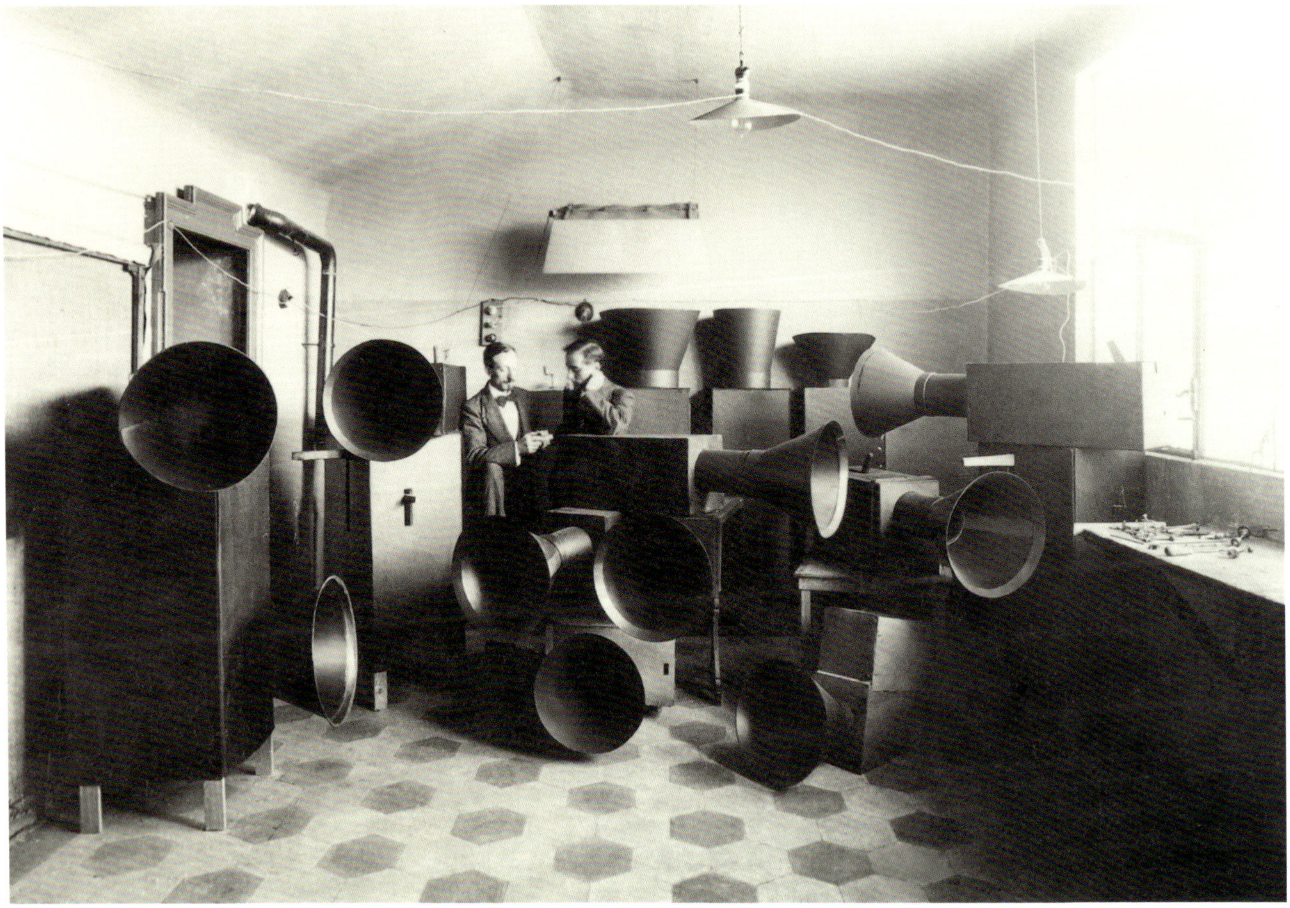

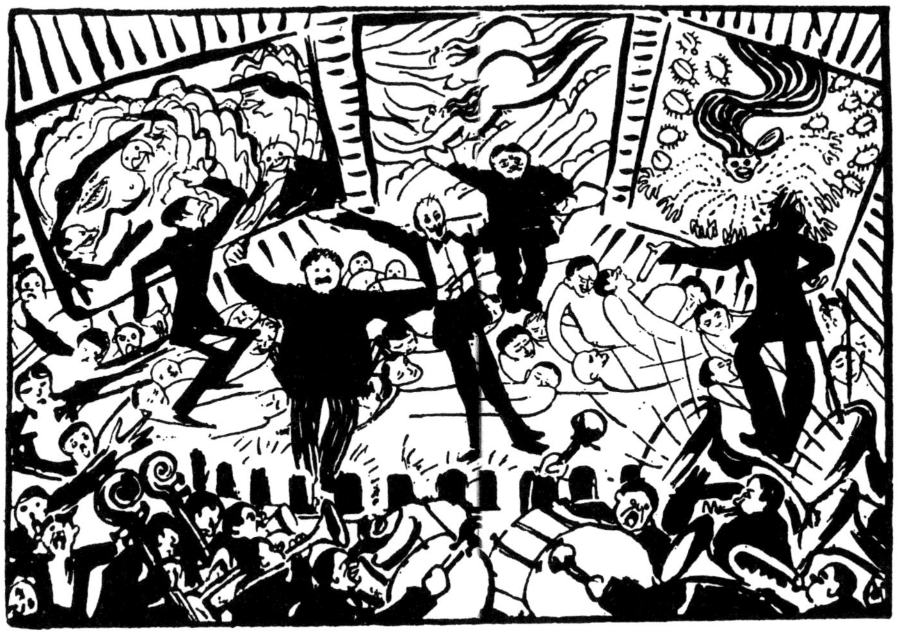

Umberto Boccioni
Soirée futuriste, Milan 1911
Collection particulière

DE GAUCHE À DROITE
Umberto Boccioni, Francesco Balilla Pratella, Filippo Tommaso Marinetti, Carlo Carrà, Luigi Russolo, à l'arrière-plan : tableaux de Boccioni, Carrà et Russolo

Communication, provocation et tapage
C'est le 12 janvier 1910, avant le procès de Marinetti, que se déroule la première soirée futuriste au théâtre municipal de Trieste, le Politeama Rossetti. Ces soirées sont organisées par des artistes futuristes à divers endroits, souvent à court terme, et leur programme est varié. Le spectacle offert – lecture de poèmes, de manifestes, musique – forme le cadre d'une action artistique axée sur la provocation et le tapage. En déclamant leurs textes à très haute voix ou en exhortant le public à les siffler plutôt qu'à les applaudir, les futuristes ne cessent de provoquer le public en l'incitant à intervenir. Ils tentent délibérément d'atteindre un état d'exception qui transforme les spectateurs en acteurs, et dans lequel règnent l'illégalité et un chaos dynamique. L'objectif déclaré est de déclencher un scandale qui fera connaître le mouvement futuriste par le compte rendu médiatique qu'il suscitera et qui portera des idées anarchiques dans la population bourgeoise.

Cette première soirée du 12 janvier se déroule de manière mesurée. En revanche à Milan, ville phare du futurisme jusqu'en 1915/16, et dans laquelle est organisée la deuxième soirée, le 15 février, le public réagit de manière beaucoup plus violente. De brefs articles dans les quotidiens, des affiches et le bouche-à-oreille annoncent la soirée au Teatro Lirico, soirée où l'on échangera « autant de coups de poing que d'idées » et qui se terminera dans le chaos. À côté de la présentation des objectifs des futuristes et la lecture du manifeste de fondation ainsi que de poèmes, la mise sur le tapis de la discussion anti-autrichienne, un sujet explosif à cette époque en Italie, déclenche un tumulte dans le public. Les provocations des futuristes, les perturbations bruyantes et les commentaires des spectateurs chauffent la salle et font escalader la situation. Deux policiers seront nécessaires pour mettre fin aux bagarres. Les artistes doivent interrompre la soirée mais l'agitation dans les rues continuera un moment.

Le scandale est parfait et les futuristes se félicitent de leur réussite. En procédant ainsi, les jeunes artistes italiens arrivent sans cesse à attirer l'attention des médias qui veillent à propager les nouvelles idées et à guider le public dans ses choix. Ce faisant, ils peuvent en partie recourir à des méthodes qui ont fait leurs preuves au XIXe siècle. C'est ainsi par exemple qu'en 1853, à Paris, Gustave Courbet a fait sensation au Salon en exposant ses *Baigneuses*. La vue de ces deux femmes nues dans la forêt avait profondément choqué le public de l'époque. Les futuristes vont radicalement élargir cette approche et

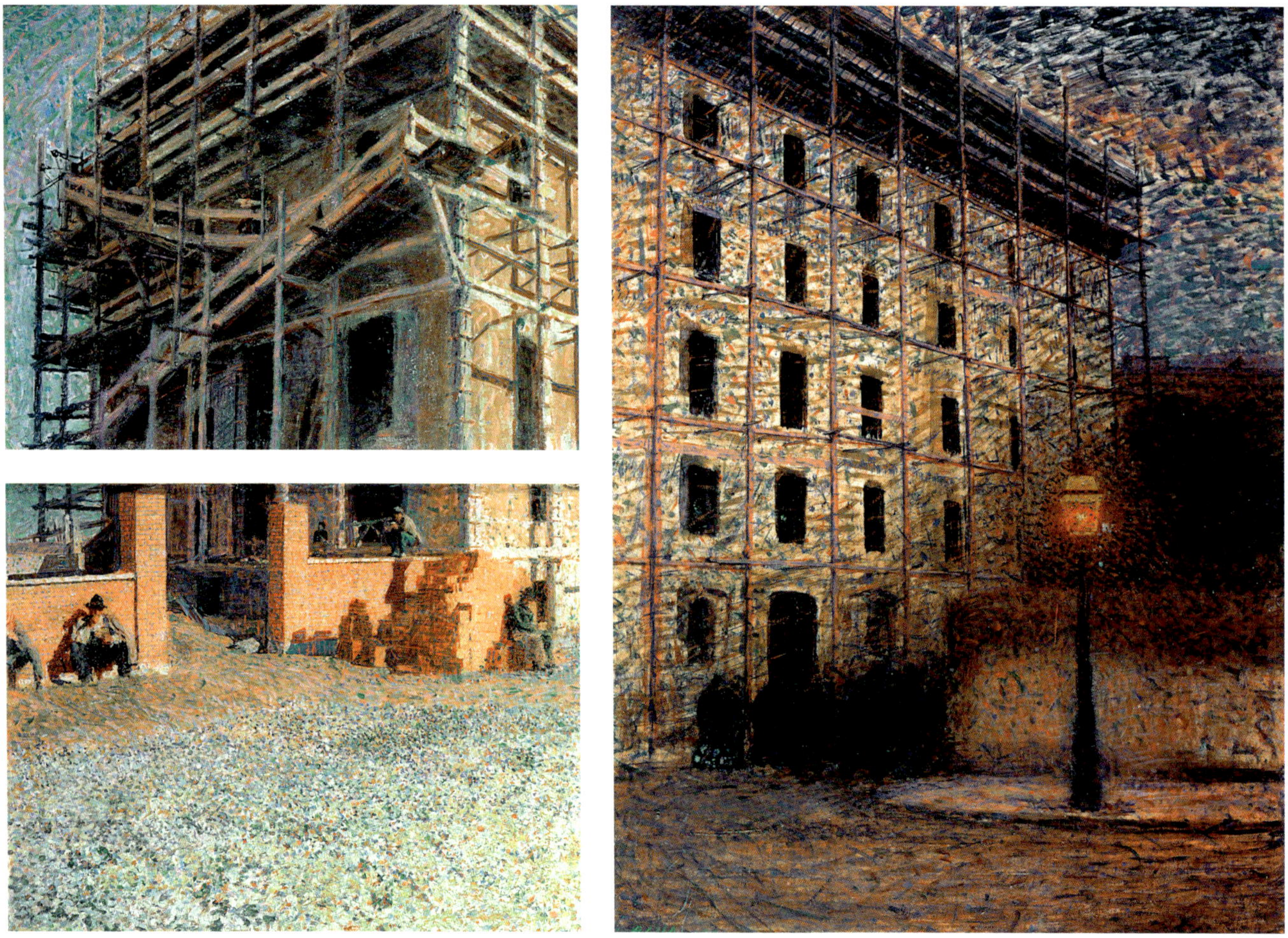

Giacomo Balla
La Journée de l'ouvrier, 1904
Huile sur carton, 100 x 135 cm
Collection particulière

développer des stratégies artistiques. Les soirées futuristes – jusqu'à la fin de l'année 1915, nombre de ces actions artistiques se dérouleront dans les grandes villes italiennes – ne sont pas seulement capitales pour les futuristes en tant que forum anarchiste, elles offrent une plate-forme importante aux artistes qui n'ont pas la possibilité de voir leurs œuvres exposées ou publiées.

Ainsi Luigi Russolo, qui a étudié la musique avant de se tourner vers la peinture, peut présenter ses intonarumori, des machines bruitistes, lors de la soirée du 21 avril 1914 au Teatro dal Verme de Milan. Il a auparavant fait parvenir sous forme de lettre à son homologue futuriste, le compositeur Francesco Balilla Pratella, le manifeste intitulé « L'art des bruits », daté du 11 mars 1913 et dans lequel il présente ses théories sur l'utilisation du son-bruit. Les intonarumori étaient de grands caissons dotés d'entonnoirs de résonance, fonctionnant en partie à l'aide d'accumulateurs et produisant les sons et bruits les plus divers. Ils bourdonnaient, cliquetaient, bruissaient, hululaient, ronflaient, sifflaient, hurlaient, en bref ils faisaient entrer les bruits « techniques » dans la salle de concert. Ces sonorités inspirées du monde réel anticipent celles de la musique concrète qui verra le jour à la fin des années 1940. Cette soirée milanaise se terminera par une bagarre chaotique qui verra s'affronter les futuristes, le public et les forces de l'ordre.

Le manifeste des peintres futuristes

Le peintre Umberto Boccioni assiste pour la première fois à une soirée futuriste le 15 février 1910 au Teatro Lirico de Milan. Fasciné par Marinetti, il rejoint le groupe avec ses amis Carlo Carrà et Luigi Russolo. Ces peintres, dont les œuvres définissent elles aussi de manière essentielle l'idée que nous nous faisons du futurisme, n'ont pas été mentionnés jusqu'ici vu que seul le manifeste de Marinetti avec sa proclamation en onze points rédigée avec ses amis littérateurs signale le début du mouvement. En 1909, il n'existe encore aucune correspondance esthétique entre les nombreux domaines artistiques auxquels s'intéresseront plus tard les futuristes. Même la littérature, le propre terrain de Marinetti, ne présente aucune innovation sur le plan du style et du contenu. Le poète et homme de théâtre Gabriele D'Annunzio donnait le ton dans cette Italie de fin de siècle avec sa vision de la culture nourrie de symboles et des idéaux classiques. Ses pièces aux accents très émotionnels se nourrissaient encore du sentiment de Risorgimento animé par la pensée unitaire italienne.

Les protagonistes des arts plastiques ont peu de traits communs avant leur entrée dans le groupe. Umberto Boccioni, personnage central du mouvement futuriste à côté de Marinetti, vit depuis 1907 à Milan. Auparavant, avec Gino Severini, il a pris des cours de peinture à Rome auprès de Giacomo Balla. À l'époque ce dernier s'intéresse au milieu ouvrier et au progrès de la civilisation tels qu'il peut les observer autour de lui dans une ville qui croît de jour en jour. Son tableau *La Journée de l'ouvrier (La giornata dell'operaio)* de 1904 montre la réalité prolétarienne par l'intermédiaire d'une maison en construction. L'artiste fait voler en éclat des perspectives et des situations différentes et est ainsi déjà très proche d'une des approches esthétiques essentielles du futurisme : la représentation simultanée de diverses impressions sensorielles. Plus tard, construire une maison deviendra pour les futuristes un synonyme de l'acte créateur en soi.

À Milan, Umberto Boccioni fait sienne cette forme de réalisme à motivation sociale. À côté de quelques autoportraits empreints d'une grande sensibilité, il peint *Ateliers à Porta Romana (Officine a Porta Romana)*, qui fixe sur la toile un aspect momentané de l'industrie prospère à la périphérie de Milan. La jeune nation italienne connaît une période d'instabilité : La croissance industrielle explose à Milan, à Turin et dans d'autres villes du Nord alors que le Mezzogiorno, région essentiellement agraire et négligée, traverse une crise grave. L'essor économique qui nécessiterait une politique sociale adéquate est entravé par les structures sclérosées du pouvoir. Ces négligences ont leur prix de

« C'est pourquoi nous prenons infiniment plus de plaisir à combiner idéalement des bruits de tramways, d'autos, de voitures et de foules criardes qu'à écouter encore, par exemple, l'"Héroïque" ou la "Pastorale". (…) Nous nous amuserons à orchestrer idéalement les portes à coulisses des magasins, le brouhaha des foules, les tintamarres différents des gares, des forges, des filatures, des imprimeries, des usines électriques et des chemins de fer souterrains. Il ne faut pas oublier les bruits absolument nouveaux de la guerre moderne. »
— LUIGI RUSSOLO

Umberto Boccioni
Ateliers à Porta Romana, 1909
Huile sur toile, 75 x 145 cm
Collection particulière

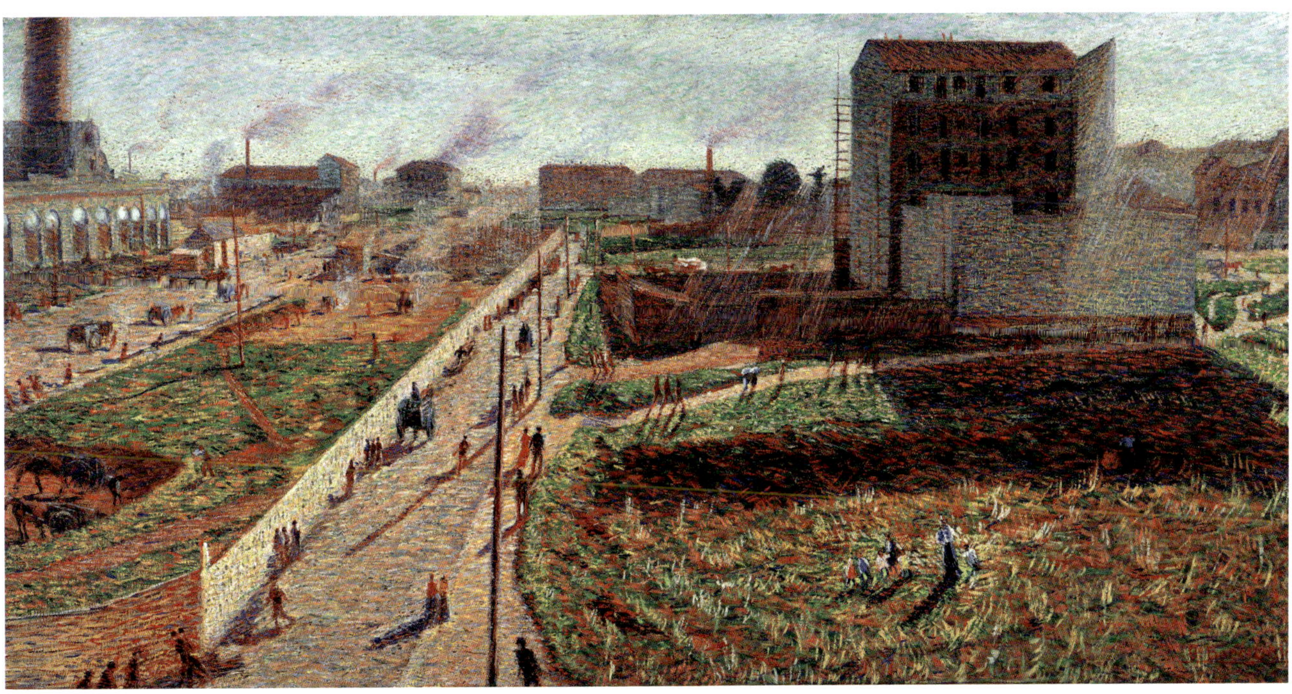

« Nous aurons parfaitement atteint l'objectif artistique quand le mouvement sera pour nous une sensation purement dynamique. »
— ANTON GIULIO BRAGAGLIA

troubles, de grèves et de répressions. Milan est d'ailleurs l'un des plus importants foyers de troubles, si bien que Boccioni mais aussi Carlo Carrà et Luigi Russolo qui s'y sont établis sont emportés par les événements. Carrà s'est lié d'amitié avec des socialistes et des anarchistes et s'intéresse aux écrits de Karl Marx ; Russolo fréquente les cercles littéraires et écrit déjà des articles pour le magazine de Marinetti *Poesia*. En revanche, Gino Severini vit depuis 1906 la plus grande partie du temps à Paris et sert ainsi de relais entre le groupe milanais et les peintres et écrivains de l'avant-garde parisienne. Son univers pictural tourne autour des sujets classiques de la ville lumière, le théâtre, les danseuses et évidemment le quartier de Montmartre où les artistes se retrouvent dans les cafés pour discuter.

Ces cinq artistes, Balla, Boccioni, Carrà, Russolo, Severini signent le 11 février 1910 le « Manifeste des peintres futuristes » et amènent la production artistique futuriste à un premier sommet, avant que le mouvement ne perde sa vitalité à cause de sécessions vers 1915, année où l'Italie entre en guerre.

Le « Manifeste technique de la peinture futuriste »

Avec son pathos et son rejet catégorique de la tradition, ce premier manifeste des peintres futuristes n'est pas sans évoquer la première proclamation de Marinetti : « Camarades ! Nous vous expliquons par la présente que le progrès triomphant de la science a généré de si grands changements dans l'humanité, qu'un abîme s'est ouvert entre les esclaves dociles du passé et nous, hommes libres, qui sommes certains de la splendeur rayonnante de l'avenir. » Les institutions et les pratiques artistiques sont fustigées, taxées

Carlo Carrà
Le Cavalier rouge, 1913
Huile sur toile, 26 x 36 cm
Milan, Museo del Novecento

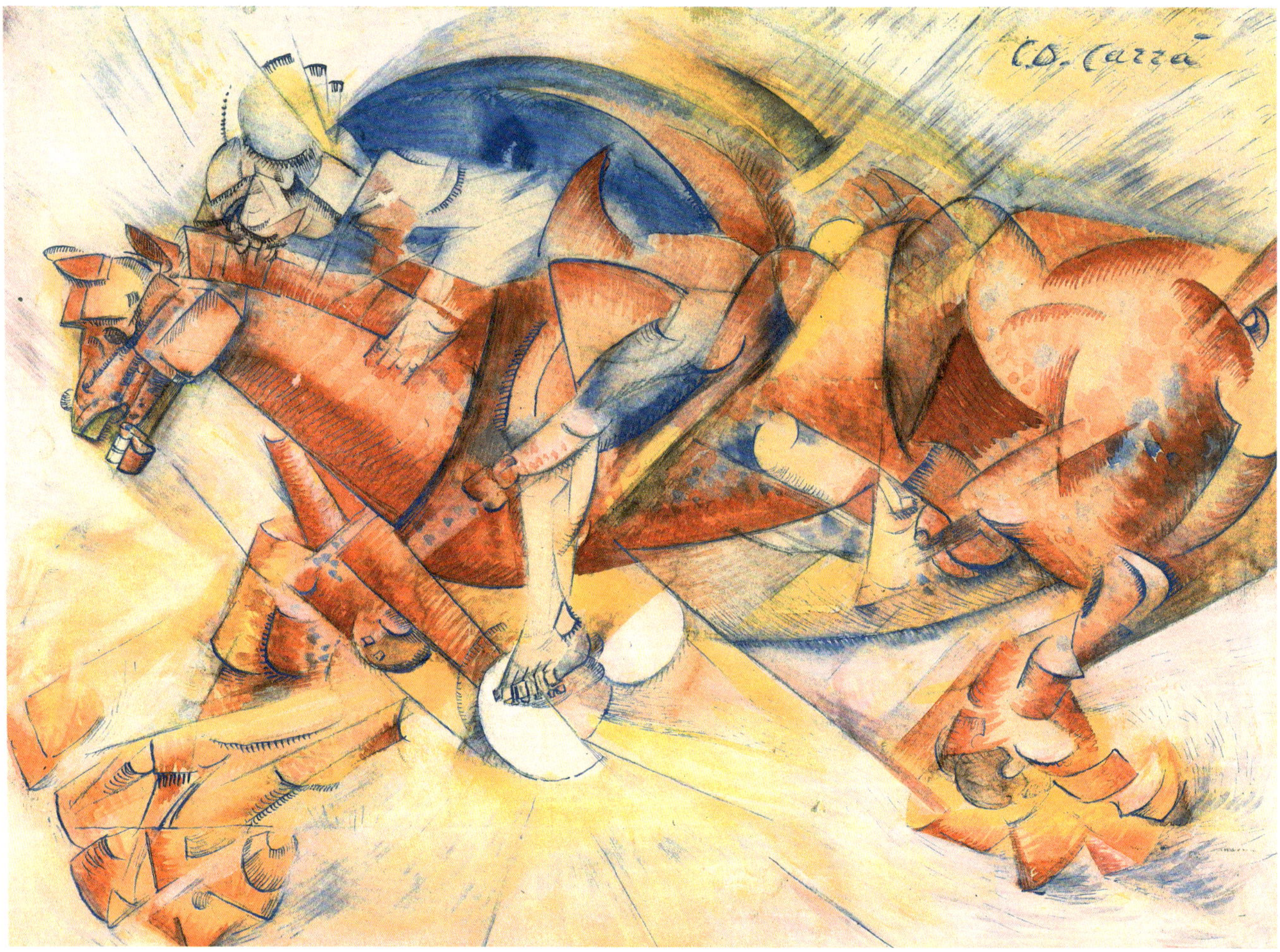

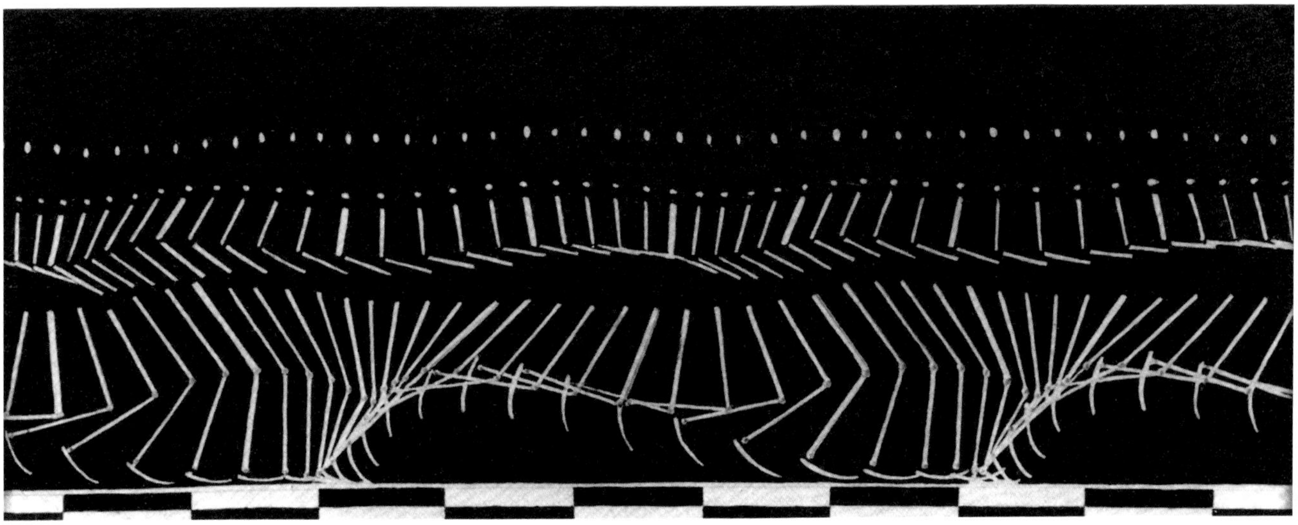

sans nuances de corruption et d'inertie, et dans toute l'histoire italienne, seuls Giovanni Segantini, Gaetano Prevati et Medardo Rosso, trois peintres de la génération précédente d'ailleurs ignorés par la critique, trouvent grâce à leurs yeux et sont considérés comme des modèles. Une fois de plus les adeptes du futurisme se définissent surtout par leur attitude de rejet.

Des huit principes proclamés, seul le dernier cerne vaguement un objectif esthétique : « Rendre et glorifier la vie actuelle que la science victorieuse transforme sans relâche et fougueusement. »

Les motifs représentant le progrès technologique et culturel sont vite trouvés : l'automobile, l'aéroplane, l'éclairage électrique, la construction d'habitations, l'activité des gens aussi bien que les batailles de rues. Mais comment relier ces motifs et ces scènes au nouveau sentiment existentiel et les transposer formellement sur la toile. C'est le premier problème qui se pose à tous les artistes, et Boccioni reconnaît, dans cette phase où un gouffre béant sépare encore l'exigence et la production : « L'engagement pris est terrible, et les moyens plastiques apparaissent et disparaissent à l'instant de la réalisation. » Les peintres s'inspirent d'éléments formels utilisés par les artistes impressionnistes, divisionnistes et aussi symbolistes.

Ils testent l'expressivité de la ligne, décomposent leurs motifs en d'innombrables points de couleur et les dissolvent dans un flot de lumière. Parallèlement, ils approfondissent aussi sur le plan théorique leur recherche de nouveaux moyens picturaux adéquats, publiant dès le 11 avril 1910 un deuxième manifeste, le « Manifeste technique de la peinture futuriste ». Ainsi que le suggère le titre, les idées concernant l'univers pictural futuriste se concrétisent. Il est question de complémentarité, de l'utilisation de couleurs (rouge-bleu, vert-orange, violet jaune) – une condition sine qua non pour le peintre moderne –, les auteurs constatent que le mouvement et la lumière détruisent la substance des objets, ouvrant ainsi la voie au dynamisme.

Au printemps 1911, les futuristes italiens présentent pour la première fois leurs travaux à Milan dans une exposition intitulée Mostra d'Arte Libera, qu'ils ont organisée eux-mêmes et qui ne comporte donc pas de jury. Severini qui a signé les manifestes mais n'est pas encore familiarisé avec les œuvres de ses frères en esprit, comprend en visitant l'exposition qu'une confrontation avec les développements actuels à Paris s'impose. Marinetti, le seul membre du groupe à être issu d'une famille prospère, financera l'automne de cette année-là un voyage à Paris pour Boccioni, Carrà et Russolo, ce qui permettra aux amis de faire la connaissance du cubisme à ses débuts en contemplant des œuvres de Pablo Picasso et Georges Braque et de découvrir les « Tour Eiffel » de Robert Delaunay.

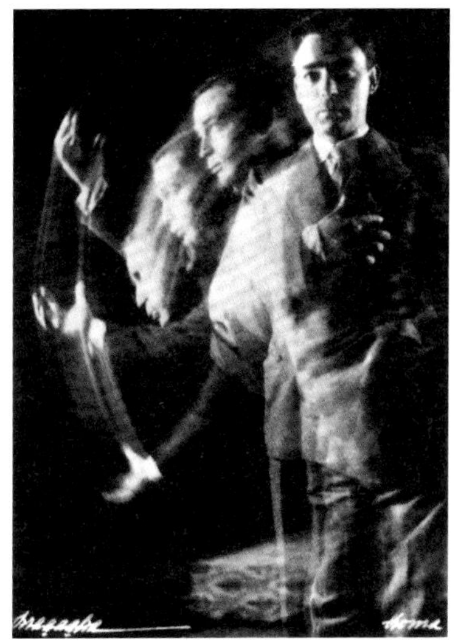

EN HAUT
Étienne-Jules Marey
Chronophotographie (détail), 1886

EN BAS
Anton Giulio Bragaglia
Photodynamisme, 1913

« Les maisons auront une durée de vie plus courte que la nôtre. Chaque génération devra se construire sa ville. »
— ANTONIO SANT'ELIA

Antonio Sant'Elia
La Cité nouvelle, 1913
Encre, mine de plomb et aquarelle sur papier, 29,2 x 20,3 cm
Collection particulière

À cette époque, la perspective classique est remise en question en de nombreux endroits du monde. Les processus de perception sont passés en revue. Les artistes ne se satisfont plus d'un rendu illusionniste, fragmenté, du visible, et ce d'autant plus que de nouvelles découvertes scientifiques ont révélé que le monde n'est pas seulement ce qu'il semble être sur le plan visuel. Dans la phase analytique du cubisme, de 1909/10 à 1912, Picasso, Braque et leurs protagonistes veulent déployer sur la toile les faces multiples des objets en décomposant les corps et en les fondant avec l'espace qui les entoure. La surface picturale montrant de multiples facettes dans des teintes brun-gris offre maintenant deux sortes d'informations lisibles : le motif et une compréhension conceptuelle de l'espace.

Les futuristes profitent des solutions esthétiques mises au point par les cubistes autant qu'ils s'inspirent des moyens d'expression stylistiques propres à d'autres courants (divisionnisme, impressionnisme, orphisme, expressionnisme). Des éléments stylistiques isolés évoquent sans cesse des techniques picturales connues, ce qui vaudra aux futuristes de se voir reprocher leurs appropriations éclectiques. En même temps, par cet aspect de disponibilité, le mouvement semble anticiper une approche postmoderne de l'art. Les futuristes ne résoudront pas le conflit ainsi généré entre l'exigence avant-gardiste et le recours à des éléments stylistiques.

« Nous chanterons les grandes foules agitées par le travail, le plaisir ou la révolte ; les ressacs multicolores et polyphoniques des révolutions dans les capitales modernes. »
— FILIPPO TOMMASO MARINETTI

Les peintres s'efforcent intensément de trouver des équivalences plastiques à la nouvelle vision du monde futuriste dans lequel tout est en mouvement dynamique et tout semble chargé d'énergie. Contrairement au cubisme qui décline une approche perceptive non conventionnelle surtout sur des objets statiques, les Italiens qui croient au progrès veulent visualiser un modèle de mouvement universel. Bien que tendant vers un objectif commun, les peintres futuristes élaborent des stratégies picturales différentes. Giacomo Balla marque l'un des pôles avec ses représentations de phases successives du mouvement, Umberto Boccioni l'autre, avec son approche picturale de l'essence du mouvement. Entre les deux, Russolo, Carrà et Severini parviennent à des solutions mixtes individuelles.

Tous ces artistes, excepté Russolo qui se tourne finalement vers la musique, restent fidèles à la peinture, ce qui signifie qu'ils s'efforcent de fixer la « sensation dynamique » sur un support statique, la toile. Les peintres futuristes se limitent ainsi à la suggestion du mouvement, ainsi que l'avait fait auparavant par exemple l'Anglais William Turner avec sa toile *Pluie, vapeur et vitesse – Le Grand Chemin de fer de l'ouest (Rain, Steam and Speed – The Great Western Railway).* Ils ne créent pas d'objets cinétiques vraiment mobiles. Même les expériences sculpturales de Boccioni ne donnent pas une impression réaliste du mouvement.

Mario Chiattone
Construction pour une métropole nouvelle, 1914
Aquarelle et encre de Chine sur papier, 106 x 95 cm
Pise, Institut d'histoire de l'art de l'Université

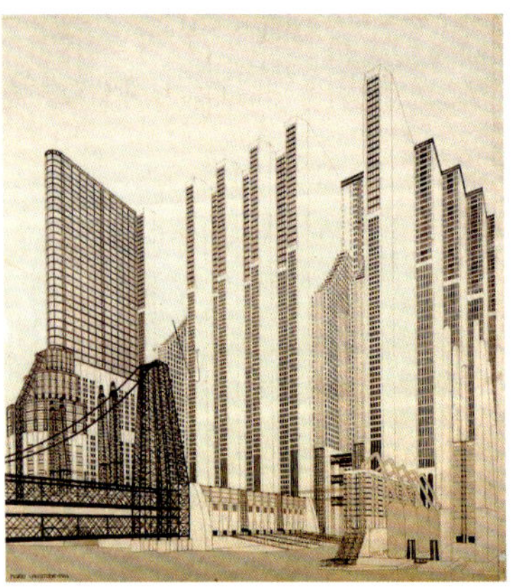

Dynamisme et simultanéité

La théorie artistique futuriste est dominée par deux notions fondamentales, le dynamisme et la simultanéité, qui entretiennent une relation de réciprocité et sont difficiles à contempler isolément. Tant sur le plan conceptuel que sur le plan du contenu, les futuristes s'inspirent ici des écrits du Français Henri Bergson (1859–1941) dont la philosophie exercera une grande influence en Italie, et pas seulement sur les cercles artistiques. L'idée de Bergson selon laquelle il existe une réalité en devenir, à laquelle on n'a accès que par l'intuition et qu'il résume sous le concept clé d'élan vital, stimule de nombreux artistes ou corrobore leur travail.

Dans le « Manifeste technique de la peinture futuriste », le dynamisme est décrit à l'aide d'exemples imagés : « C'est ainsi qu'un cheval courant n'a pas quatre pattes mais il en a vingt et leurs mouvements sont triangulaires. » Plus loin on peut lire : « Les seize personnes que vous avez autour de vous dans un tramway en marche sont une, dix, quatre, trois : elles sont arrêtées et ne bougent pas ; elles vont et viennent, englouties par une zone de soleil, elles sont renvoyées sur la rue, ensuite elles s'assoient à nouveau, symboles tenaces des vibrations universelles. » Boccioni précise ces détails dans son livre paru en 1914 *Dynamisme plastique, peinture et sculpture futuristes (Pittura scultura futuriste [Dinamismo plastico]).*

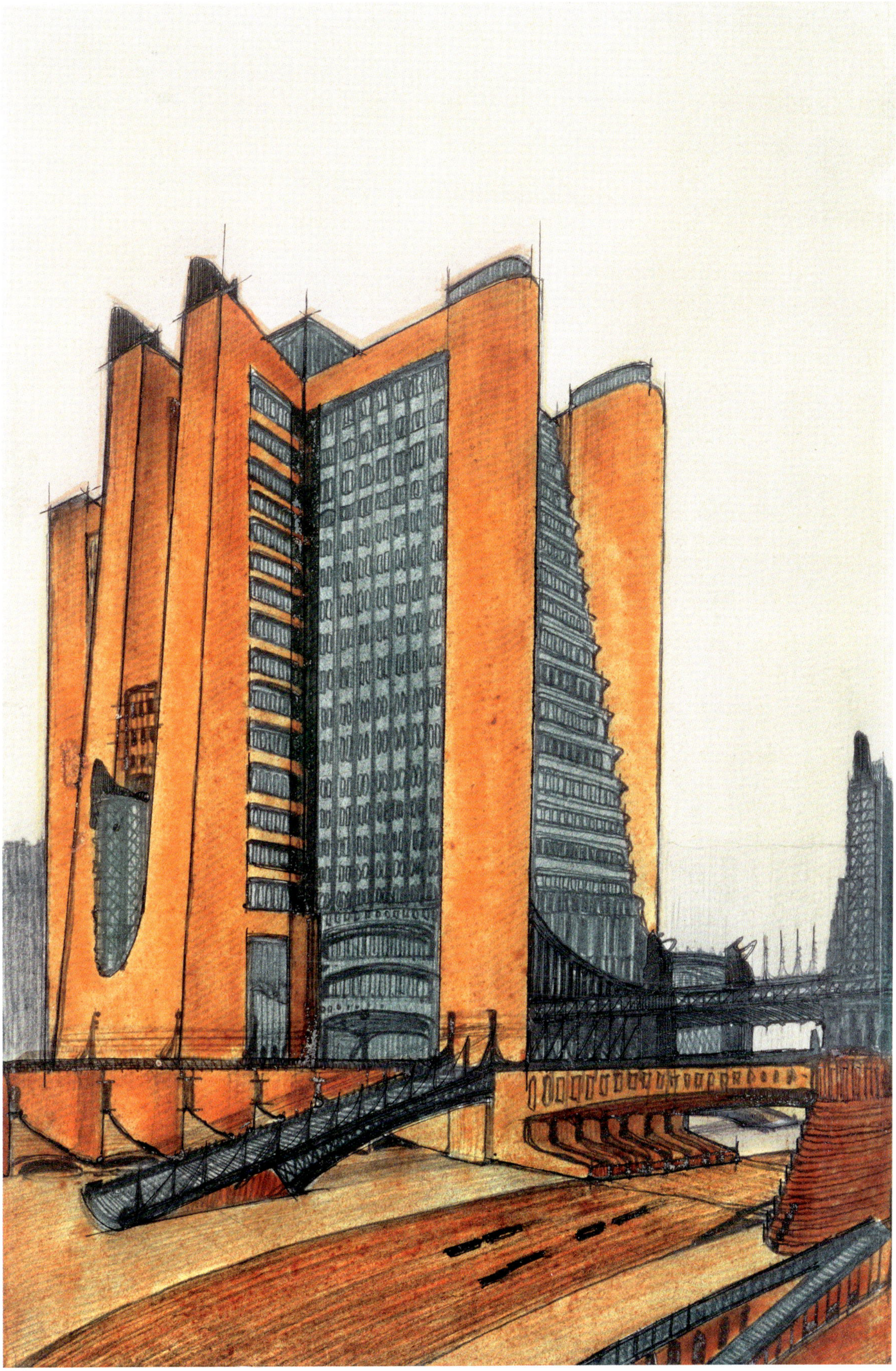

Il distingue ici un « mouvement absolu » qui caractérise le mouvement propre des objets et aussi le domaine affectif, et le « mouvement relatif » que génère l'objet en mouvement en relation avec l'environnement mobile ou immobile. Pour les futuristes, la réalité est composée de ces deux formes de mouvements et crée selon eux le « dynamisme universel ».

« Il n'y a pas de peur plus stupide que celle qui nous fait craindre de dépasser le genre artistique que nous exerçons. Il n'y a pas de peinture, de sculpture, de musique, de poésie. Il n'y a que la création. »
— UMBERTO BOCCIONI

Dans la pratique picturale, la dissolution des objets n'est atteinte que par l'éclatement des formes et la multiplication des éléments isolés. Passages colorés et lignes dynamiques abstraites dérivées de l'objet engrènent la figure et l'arrière-plan. Des lignes-forces – les futuristes nomment ainsi les formes-couleurs dynamiques qui permettent de dégager les directions des objets – animent la structure picturale tout comme la couleur appliquée en tonalités pures et vives, qui, dans sa « virginité » et sa « brutalité », correspond à l'allégresse qui règne chez les futuristes. Les toiles présentant un contraste agressif de bleu et de rouge ne sont donc pas rares.

La photographie et l'architecture futuristes

À la fin du XIXe siècle, Eadweard Muybridge aux États-Unis et Étienne-Jules Marey en France s'intéressent à l'étude de la locomotion. Utilisant des méthodes différentes, ils analysent les phases successives du mouvement à l'aide de la photographie. Pour ce faire, Muybridge photographie l'évolution du sujet à l'aide de plusieurs appareils placés sur son parcours, alors que Marey se contente d'un fusil photographique dont il a remplacé le barillet par une plaque photographique circulaire. Ses chronophotographies impressionneront en particulier Giacomo Balla qui visite en 1900 la salle qui abrite les photographies de Marey à l'Exposition universelle de Paris. La photographie réalisée à des fins non scientifiques mais présentant des ambitions artistiques restait la plupart du temps inférieure à la peinture dont elle imitait les stratégies plastiques. Cela ne changera qu'au début du XXe siècle.

En 1911, des photographes amateurs, les frères Anton Giulio et Arturo Bragaglia rédigent le *Photodynamisme futuriste*. Ils connaissent les chronophotographies de Marey et les conceptions artistiques des futuristes et cherchent à réaliser une photographie dynamique qui fixe les gestes en tant que mouvement fluide dans l'espace. Des expositions répétées, des surexpositions et d'autres procédés génèrent un flou du mouvement dans lequel les Bragaglia voient une correspondance photographique artistique autonome au dynamisme des futuristes. Si Marinetti est ouvert à de telles évolutions photographiques et à leurs corollaires cinématographiques, celles-ci ne trouvent pas grâce aux yeux de Boccioni qui révèle ici un attachement soudain à la tradition, les déclarant non

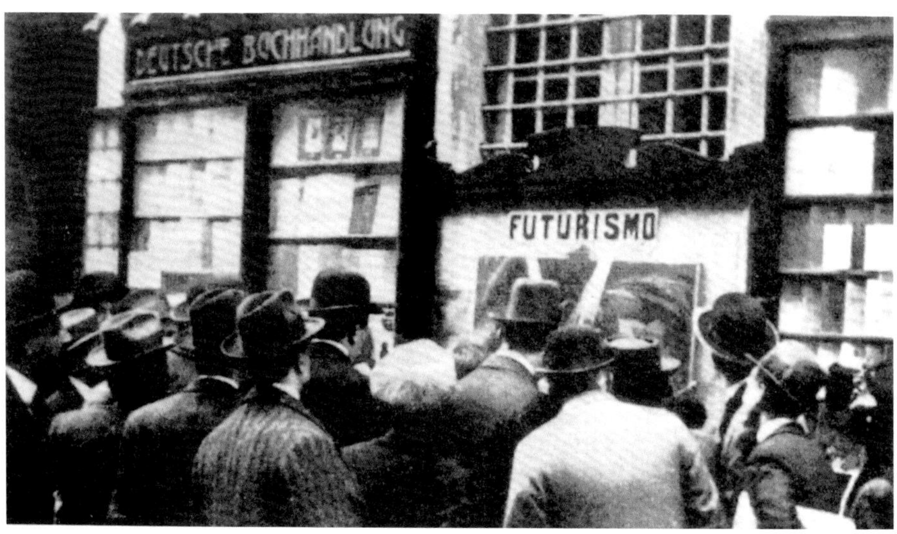

Exposition « Futurisme », 1912
Berlin, galerie Der Sturm. La foule se presse devant un tableau d'Umberto Boccioni

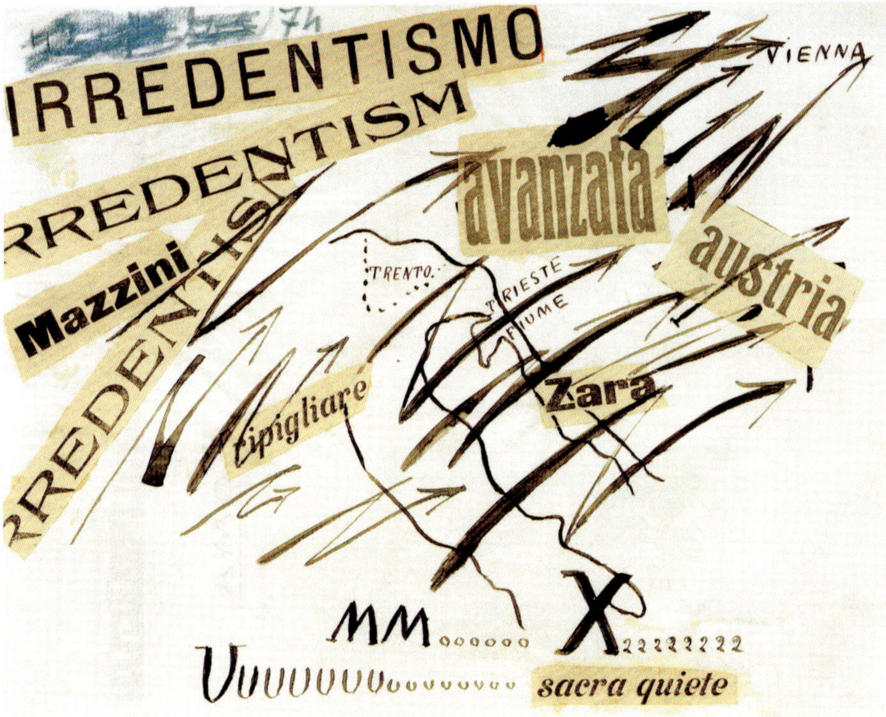

Filippo Tommaso Marinetti
Irrédentisme. Mots libérés, 1914
Encre, pastel et collage sur papier, 21,8 x 27,8 cm
Collection particulière

artistiques et proclamant qu'il s'agit de méthodes de reproduction purement mécaniques. Ainsi la photographie reste en un premier temps exclue du cœur du mouvement futuriste. Sa valeur en tant que médium artistique ne sera reconnue que durant la seconde phase du futurisme.

Il en va tout autrement de l'architecture et de l'espace public qu'elle transforme. Si les littérateurs et les artistes plastiques s'inspirent dans leurs réflexions futuristes du panorama urbain de l'époque avec ses zones industrielles en expansion, la circulation de plus en plus dense et l'animation des rues, des architectes comme Virgilio Marchi, Mario Chiattone et surtout Antonio Sant'Elia transposent le dynamisme universel dans un superlatif architectural. Ils conçoivent des projets fascinants mettant l'accent sur la rationalisation de la construction – la maison, la gare, la centrale électrique et aussi l'aéroport – dans la vie sociale moderne. Le renouvellement de l'architecture trouve son apogée dans des projets urbains montrant des immeubles hauts et étroits et de nombreuses voies de circulation formant un vaste réseau dynamique sur plusieurs niveaux horizontaux. Ces nouveaux bâtiments et l'aménagement des espaces font de la ville un cœur battant qui ne reflète pas seulement la vitalité de la société mais renforce encore les phénomènes Mouvement et Vitesse.

C'est avant tout le tramway de Vienne, construit par Otto Wagner à la fin du XIXe siècle sur plusieurs étages, qui servira de modèle à ces réflexions. Le métro parisien, l'underground londonien et les panoramas de New York et de Chicago témoignent de l'accélération dynamique et expansive, déjà devenue réalité dans ces agglomérations. Mais les projets de construction et d'urbanisation futuristes ne seront pas concrétisés car ils restent une vision utopique impossible à réaliser.

Sant'Elia ne déclare-t-il pas dans son manifeste « L'architecture futuriste » publié en 1914 dans *Lacerba* : « Les maisons auront une durée de vie plus courte que la nôtre. Chaque génération devra construire sa propre ville. » Si cette idée d'un renouvellement permanent s'inscrit tout à fait dans la ligne des futuristes, elle sonne aussi le glas des projets de l'architecte.

Le spectateur est dans le tableau

Le phénomène de la simultanéité dont discutent aussi les cubistes et les orphistes à Paris à la même époque, s'efforçant de le transposer sur le plan artistique, se consolide dans l'esthétique futuriste vers 1912. Il comprend, sur la base du dynamisme, le synchronisme de divers événements et leur cristallisation dans l'œuvre d'art. La simultanéité est comprise de manière large : elle englobe la perception visuelle et émotionnelle aussi bien que les souvenirs et les associations d'idées et de sentiments, elle est la « synthèse de ce dont on se souvient et de ce qu'on voit ». Pour Boccioni, la simultanéité est le fondement de la sensibilité futuriste et la conséquence du dynamisme universel. Ainsi l'animation qui règne dans les rues de la métropole ne doit pas seulement être rendue dans sa multiplicité scénique. L'image de la ville doit être complétée par les bruits, les odeurs, les souvenirs et les sensations qu'elle déclenche pour former une ambiance. *Visions simultanées (Visioni simultanee)*, 1911, d'Umberto Boccioni montre une scène de rue qu'observe une femme à sa fenêtre. La scène est décomposée en facettes et vue selon diverses perspectives, les figures se dédoublent, les couleurs sont agressives et non naturalistes. Le spectateur fait un avec la figure vue de dos et placée près du bord et se précipite avec elle dans l'expérience visuelle et sensuelle. Les futuristes ont d'ailleurs prévenu leur public : « Le spectateur est placé au centre du tableau. »

Les « mots en liberté », avec lesquels Marinetti élargit depuis 1912 les possibilités de la littérature et de la poésie, opèrent aussi dans ce sens. Afin d'exprimer plus directement le rythme de la vie moderne, Marinetti commence par animer le langage en alignant les substantifs et les infinitifs, en évitant les adverbes et les adjectifs et en éliminant la ponctuation, remplacée par les signes mathématiques +, −, =, : , <, >. Le narrateur s'exprimant à la première personne disparaît, et le son des mots se déploie de manière vigoureuse et offensive dans le style télégraphique. Divers niveaux de perception et de sensation peuvent être simultanément enclenchés dans l'addition des mots se succédant en staccato, qui ne permet aucune fluidité phrastique cohérente.

Percy Wyndham Lewis
A Battery Shelled, 1919
Huile sur toile, 182,8 x 317,5 cm
Londres, Imperial War Museum

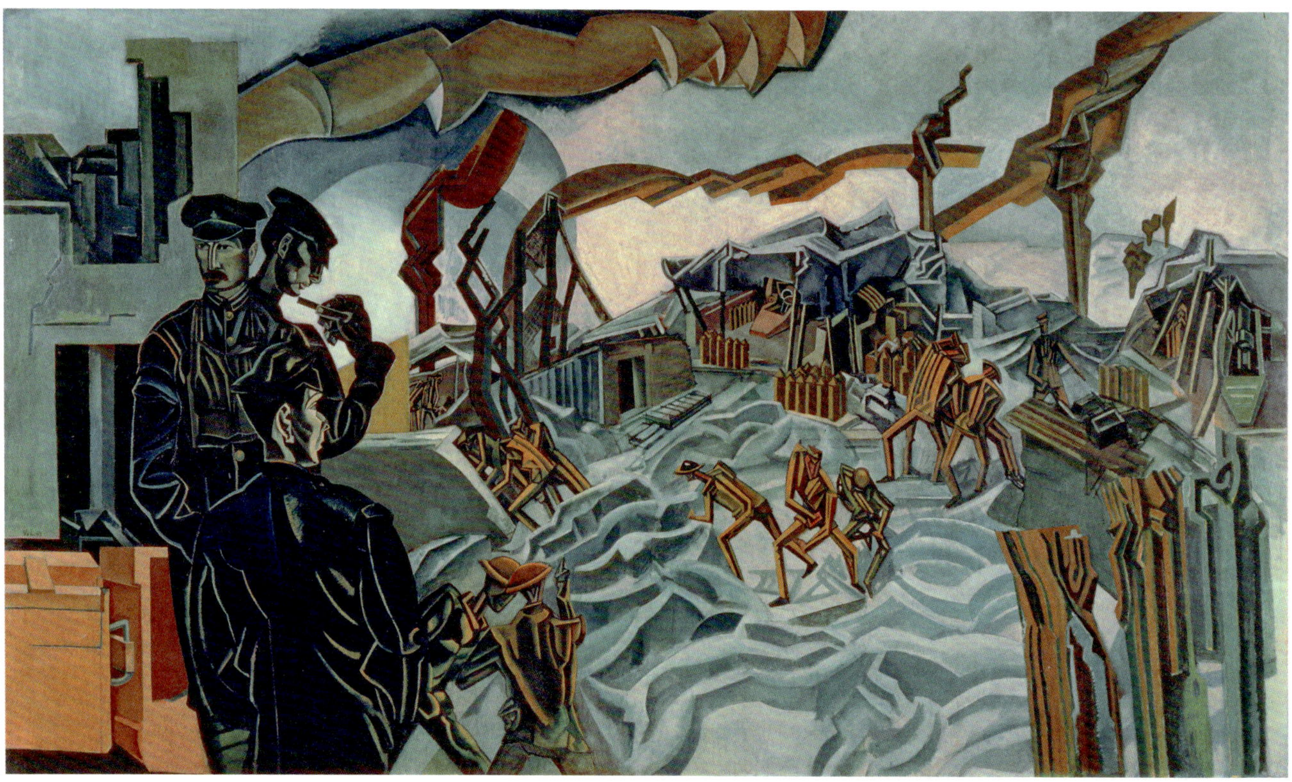

Chaque mot est placé avec force et semble incarner le pouvoir – un pouvoir qu'Aldous Huxley, dans son roman *Le Meilleur des mondes*, décrira de manière frappante dans le sens des futuristes : « Les mots peuvent ressembler aux rayons X : si l'on s'en sert convenablement, ils transpercent n'importe quoi. » Le provocateur Marinetti crée des montages linguistiques onomatopéiques et libère aussi l'apparition typographique des mots en créant les « tavole parolibere ». À la place des successions de phrases traditionnelles multilinéaires apparaissent des textes à regarder dans lesquels les mots, syllabes, signes semblent danser librement sur le papier et génèrent une poésie visuelle. La stratégie de la simultanéité est ici parfaitement traduite, aussi bien sur le plan de la forme que du contenu.

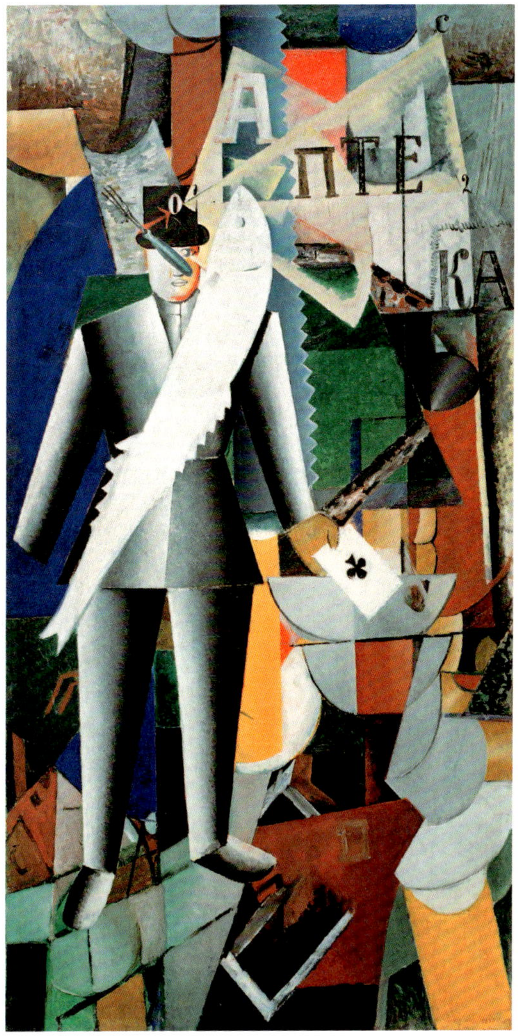

Kasimir Malevitch
L'Aviateur, 1914
Huile sur toile, 125 x 65 cm
Saint-Pétersbourg, Musée russe

Une peinture transnationale

Dès sa première publication – dans un journal français – le groupe futuriste vise un public international. Ses membres, et Marinetti le premier, propagent le mouvement avec l'actionnisme qui les distingue dans les centres culturels européens. Au plus tard avec la grande tournée d'exposition de l'année 1912 qui présente les œuvres majeures de Balla, Boccioni, Carrà, Russolo, Severini et Soffici, le programme futuriste se trouve au cœur des discussions s'articulant autour des positions prioritaires avant-gardistes et des approches théoriques de la perception. Severini a préparé cette présentation à Paris avec le critique Félix Fénéon.

L'exposition itinérante commence en février à la galerie Bernheim-Jeune. Dans le catalogue qui l'accompagne, les peintres futuristes annoncent péremptoirement : « Avec nous s'ouvre une nouvelle époque de la peinture. » Selon eux, le cubisme qui s'engage justement dans sa phase synthétique ne serait qu'un académisme agrippé à des sujets traditionnels. Ils infligent ainsi un véritable camouflet aux artistes du groupe, vu la supériorité de l'évolution artistique française qui atteint à cette époque avec Picasso et Braque, Delaunay et Fernand Léger un nouvel apogée. Cet affront est cependant nécessaire pour s'imposer dans les virevoltes des avant-gardes. D'ailleurs les futuristes persistent et signent dans le catalogue accompagnant l'exposition berlinoise à la galerie Der Sturm en avril 1912 : « Nous sommes à la pointe du mouvement de la peinture européenne. »

En faisant de telles déclarations, les futuristes apparaissent dans toute leur arrogance. En même temps, la présentation des tableaux démontre le sérieux du mouvement. Sur tout le continent, cette ambivalence suscite d'un côté la mauvaise humeur et le rejet, de l'autre l'enthousiasme et le désir de s'approprier les théories futuristes. À Paris, Robert Delaunay conteste avec véhémence le rôle de pionniers culturels que prétendent assumer les futuristes. D'abord, il estime que le principe de simultanéité a été réalisé dans la peinture française de son époque. Picasso, quant à lui, ne participe pas aux débats. À Berlin, Herwarth Walden offre une double plate-forme aux futuristes : ils exposent leurs travaux dans sa galerie Der Sturm et publient leurs articles dans sa revue éponyme. Boccioni publie ici son texte « Simultanéité futuriste » pour contrer énergiquement la position de Robert Delaunay qui attire toute l'attention des critiques d'art avec les nombreuses œuvres qu'il expose au Salon d'Automne de 1913 organisé par Walden.

Les tableaux rassemblés à la première exposition des futuristes à la galerie Der Sturm en 1912 seront en grande partie achetés par le banquier berlinois Albert Borchardt avant d'être présentés sous la régie de Walden dans de grandes villes d'Allemagne, entre autres Cologne et Munich. Vassili Kandinsky considère le mouvement futuriste d'un œil plutôt critique, contrairement à Franz Marc avec qui il a fondé le Blauer Reiter en 1911. Marc note le 23 février 1912 dans une lettre à Kandinsky : « Je n'écris que brièvement ; des choses qui vous intéressent ; p. e. que j'ai vu les futuristes à Cologne et que je suis enthousiasmé sans réserve aucune par la plus grande partie des tableaux (surtout Carrà, Boccioni et aussi Severini,

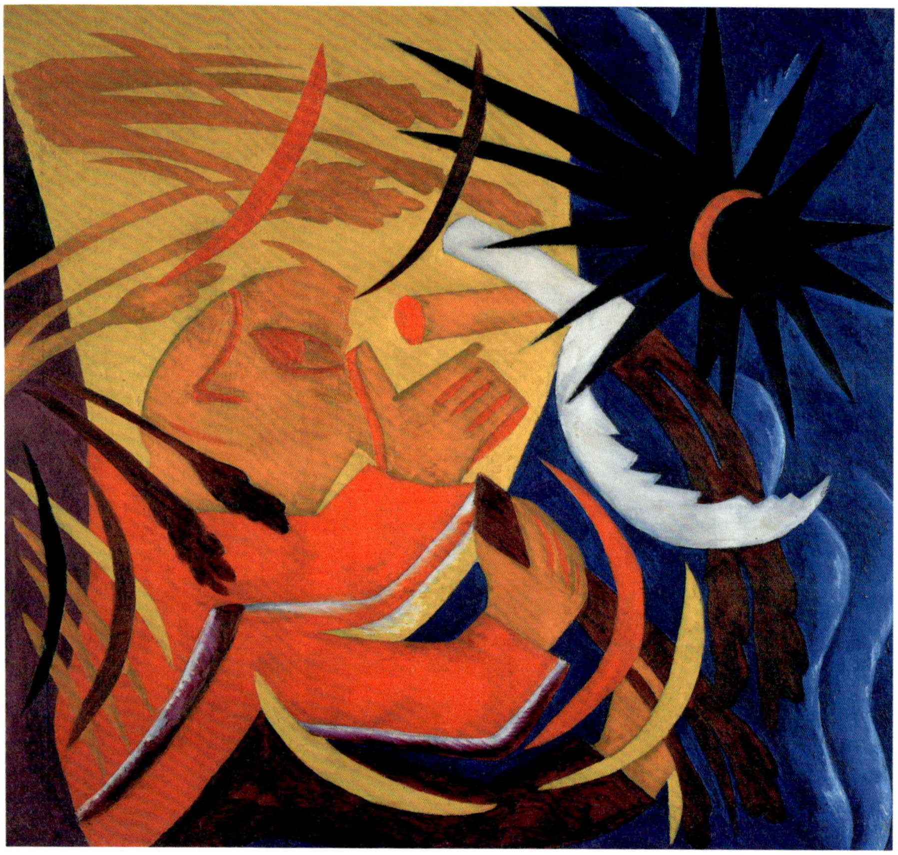

Nathalie Gontcharova
La Moisson, 1911
Huile sur toile, 92 x 97 cm
Omsk Museum of Fine Arts

dans leurs travaux mûrs) ; j'espère que vous ne vous mettrez pas tout de suite en colère. (…) ce sont des peintres brillants ; impressionnistes naturellement ; le naturalisme le plus sévère, ce ne sont pas les idées du Blauer Reiter et ce que vous voyez venir… »

Ces lignes de Franz Marc témoignent de l'intérêt général des jeunes artistes de l'avant-garde à l'égard du futurisme qu'Alfred Döblin décrit à l'emporte-pièce dans la revue *Der Sturm* en 1912 : « Avec une poussée le futuriste se fait de la place, fait tomber le cauchemar de sa poitrine. » Il n'empêche que les artistes, ni en Allemagne ni ailleurs, ne se convertissent pas aux idées futuristes.

Le contact est plus intense en Angleterre. En 1910, Marinetti y explique le futurisme dans des conférences au Lyceum for Women de Londres, et en 1912 la Sackville Gallery de Londres est la deuxième station de la grande exposition itinérante futuriste, pour ne citer que ces deux présentations. Un peu plus tard, en 1914, quelques artistes, dont Percy Wyndham Lewis, Lawrence Atkinson, David Bomberg et Ezra Pound, développent des théories esthétiques orientées elles aussi vers la prospérité industrielle et vers les forces de la grande ville. Le groupe, qui prendra fin au lendemain de la Première Guerre mondiale, adopte le nom de vorticisme. Pour ses membres, le vortex (tourbillon en latin) et le rythme reflètent les vibrations de leur époque. À l'encontre du futurisme toutefois, ils ne rattachent pas le progrès en général à la vitesse des automobiles et des avions, portant au contraire toute leur attention sur les structures fonctionnelles et les organes internes de la société. Ils rejettent par ailleurs « l'automobilisme », la glorification du mouvement mécanique, trop romantique et sentimental à leurs yeux.

Vers 1900, la scène artistique russe est très familiarisée avec l'art moderne de l'Europe occidentale. Le « Manifeste du futurisme » sera traduit en russe un an après sa parution ; en 1909, son programme est connu à Moscou et Saint-Pétersbourg, et quand Marinetti séjourne dans leur pays en 1914, Mikhaïl Larionov et Nathalie Gontcharova ont déjà fondé le rayonnisme. Ils considèrent leur langage pictural, ces faisceaux de rayons lumineux qui semblent dématérialiser les objets, comme une synthèse du cubisme, du futurisme et de l'orphisme. La vie réelle, selon leur vision utopique, doit s'orienter vers les lois de la peinture – ce qui va à l'encontre du dogme futuriste du progrès, lequel prend justement sa source dans la technologie existante. Kasimir Malevitch, quant à lui, passera par une phase dite cubo-futuriste avant de fonder le suprématisme.

Vers 1911/1913, il décompose des scènes paysannes en segments rythmiques-dynamiques ou, s'inspirant du cubisme, en multiples facettes. Malevitch analyse le monde des objets pour créer finalement une peinture élémentaire non objectale. C'est en 1915 à Petrograd, au cours de la dernière exposition futuriste « 0–10 » organisée en Russie, qu'il présentera son fameux *Carré noir sur fond blanc*, 1914/15.

« Nous devons inventer le vêtement futuriste. Joyeusement audacieux dans des couleurs rayonnantes d'une simplicité dynamique dans ses lignes et surtout éphémère pour stimuler l'activité industrielle et donner à nos corps le plaisir continuel de la nouveauté. »
— GIACOMO BALLA

Allemagne, Angleterre, Russie, voici nommées les zones d'influence majeures du futurisme, mais on pourrait aussi citer l'Europe centrale ou le Japon. Vers 1912, le vocabulaire formel futuriste apparaît dans nombre d'œuvres des artistes les plus connus, il fusionne cependant presque toujours avec les techniques d'expression plastiques de son grand rival, le cubisme. Partout, l'avant-garde baigne dans l'allégresse des nouveaux départs. Le renouvellement formel esthétique reste au centre de ses préoccupations. Elle reste donc cantonnée dans le domaine de l'art ou se tourne vers la vie réelle et se définit par le biais de la confrontation avec des domaines non artistiques. C'est ce qu'ont fait les dadaïstes en déclinant leur pluralisme matériel expérimental. L'attitude révolutionnaire agressive qui caractérisait les apparitions des futuristes et devait générer une ambiance susceptible de nourrir de grandes visions, semble se transformer en critique sociale cynique et massive.

Guerre, glorification de la violence et pathos révolutionnaire

On observe dans le mouvement futuriste de grandes affinités entre l'art et le combat. Du premier manifeste aux œuvres picturales en passant par les actions entreprises à peu près parallèlement, les objectifs et le langage futuristes sont marqués par l'anarchie, le pathos révolutionnaire et la glorification de la violence. Cet état d'alerte va de pair avec une attitude nationaliste couramment répandue, un panitalianisme qui veut voir l'Italie à la tête des pays européens, non seulement sur le plan de l'art mais dans tous les domaines culturels et techniques.

Cette ambition trouve ses origines dans le Risorgimento, ce mouvement visant à la « résurrection » de l'Italie, et les déficits nationaux ne font que l'aiguiser. Ainsi en 1895/96, la politique expansionniste italienne subit de sérieux contrecoups en Afrique orientale; l'industrialisation démarre beaucoup plus tard que par exemple en Angleterre ou en Allemagne, et au XXe siècle l'Italie reste un pays essentiellement agraire. Elle connaît une période de croissance économique et de réformes sociales sous le président du Conseil Giovanni Giolitti, durant laquelle les problèmes existant entre le prolétariat qui prend de plus en plus d'ampleur et les structures de pouvoir capitalistes traditionnelles doivent être résolus de manière démocratique, en fait, c'est le fascisme, mouvement totalitaire, qui leur apportera une solution provisoire.

Le premier manifeste reflète déjà le climat général dans cette déclaration belliciste se terminant sur une pointe misogyne : « Nous voulons glorifier la guerre – seule hygiène du monde –, le militarisme, le patriotisme, le geste destructeur des anarchistes, les belles idées qui tuent, et le mépris de la femme. »

Marinetti restera fidèle toute sa vie à l'idée de « belle guerre ». Dans la postface à son ouvrage *L'Œuvre d'art à l'époque de sa reproductibilité technique* écrit en 1935 et paru un an plus tard, Walter Benjamin attaquera explicitement l'attitude du futuriste italien et son incapacité à utiliser humainement la productivité technique. La violence progresse jusque dans l'acte créateur des artistes plastiques et pénètre dans les solutions esthétiques. Encore sous l'impression de la campagne de Libye, à laquelle il a participé en tant que correspondant, Marinetti écrit en 1911 le poème « La battaglia di Tripoli » (La bataille de Tripoli), et deux ans plus tard paraît « Assedio di Adrianopoli » (Le siège d'Andrinople), une réflexion sur ce qu'il a vécu là-bas.

Quand la Première Guerre mondiale éclate en 1914, Marinetti a donc plus d'expérience dans ce domaine que ses confrères artistes. Ils sont nombreux, et pas seulement en Italie, à partir la fleur au fusil pour faire une « guerre fraîche et joyeuse » censée balayer une société qu'ils jugent figée. Franz Marc, par exemple, constate pathétiquement : « La guerre est faite et le sang malade versé pour la purification. » C'est dans ce sens que les futuristes veulent voir sombrer le passéisme et s'épanouir le « dynamisme universel ». Mais l'engagement idéologique ne suffit plus, ils doivent maintenant tenir les promesses d'héroïsme qu'ils ont eux-mêmes proclamées bien avant la guerre. L'artiste doit faire ses preuves en tant que soldat et en tant qu'ouvrier. L'image du combat idéalisé, qui traverse comme un fil rouge les œuvres futuristes, se retrouve confrontée à la réalité brutale de la guerre.

Même si l'un ou l'autre artiste s'est détaché du programme futuriste avant la guerre – Carlo Carrà se sépare officiellement fin 1913 du mouvement de Marinetti –, on considère que le groupe futuriste initial se désagrège pendant la Première Guerre mondiale. Les artistes réagissent différemment face aux réalités de la guerre ; certains cherchent de nouveaux repères et suivent le retour à l'ordre. Carrà rejoint les peintres métaphysiques regroupés autour de Giorgio De Chirico, Mario Sironi fonde le groupe néoréaliste Novecento ; Balla et Severini évoluent vers la peinture figurative. Umberto Boccioni se tourne vers un vocabulaire pictural cézannien. Lui et l'architecte Sant'Elia disparaîtront en 1916. Le premier fera une chute de cheval mortelle pendant une manœuvre près de Vérone, le second tombera sur le champ de bataille.

« Nous voulons glorifier la guerre – seule hygiène du monde. »

— FILIPPO TOMMASO MARINETTI

Futurisme et fascisme

Dès la fin des hostilités, Marinetti rassemble de nouveaux artistes autour de lui, et le mouvement qui avait dès le départ une composante politique renforce ses exigences quant à un changement général des valeurs sociales. Le mouvement futuriste conjugue des visions réformistes radicales et des visions artistiques – une intervention dans la vie politique italienne est donc inéluctable. La relation ambivalente qu'entretiennent les artistes futuristes avec le régime fasciste au pouvoir de 1919 à 1945 contribuera longtemps à générer des réserves à l'égard de la première avant-garde italienne et causera un retard dans la réception de la seconde génération d'artistes futuristes.

Le « Primo manifesto politico » paraît en 1909. Peu de temps avant la Première Guerre mondiale, à l'occasion des élections de 1913, Marinetti, Boccioni, Carrà et Russolo mettent au point un programme politique futuriste qui prévoit, entre autres, la protection économique du prolétariat et encourage l'expansion coloniale. Dans *Che cos'è il futurismo. Nozioni elementari*, écrit en 1920, les objectifs politiques se précisent : une armée de volontaires doit être mise sur pied, le service de sécurité public doit être modernisé et le gouvernement italien laissé aux mains de jeunes gens qui se sont battus sur le front. Avec leurs idées radicales, plus idéalistes que politiques, les futuristes n'exercent aucune influence dans la vie politique réelle. Benito Mussolini, qui connaît Marinetti depuis 1915, profite du climat intellectuel révolutionnaire du mouvement futuriste. Quand il prendra le pouvoir par la force en 1922, il saura utiliser à ses fins leur volonté inébranlable de renouvellement, leur rhétorique agressive et aussi leur modèle de groupement bien organisé. Marinetti lui-même se penche d'ailleurs sur cette relation dans son traité *Futurisme et fascisme* paru en 1924. Il y souligne le rôle pionnier du futurisme et met l'accent sur ses affinités avec le fascisme. Cependant Mussolini se distanciera par la suite du futurisme, et le fait qu'il choisisse par opportunisme politique le camp conservateur et se rapproche de l'Église catholique révèle une attitude clairement anti-futuriste.

La relation entre le futurisme et le fascisme reste ambiguë. Ainsi Marinetti accepte en 1929 un poste à la nouvelle Reale Accademia d'Italia, bien que le mouvement n'ait jamais cessé de fustiger les professeurs ignorants, les académies « podagres », qui incarnent le passéisme abhorré. D'autres artistes de la seconde phase futuriste tels Enrico Prampolini, Gerardo Dottori et Mario Sironi aménagent et décorent des salles entières pour les grands spectacles d'autoreprésentation de l'État fasciste, par exemple à la « Mostra della Rivoluzione Fascista » de Rome en 1932.

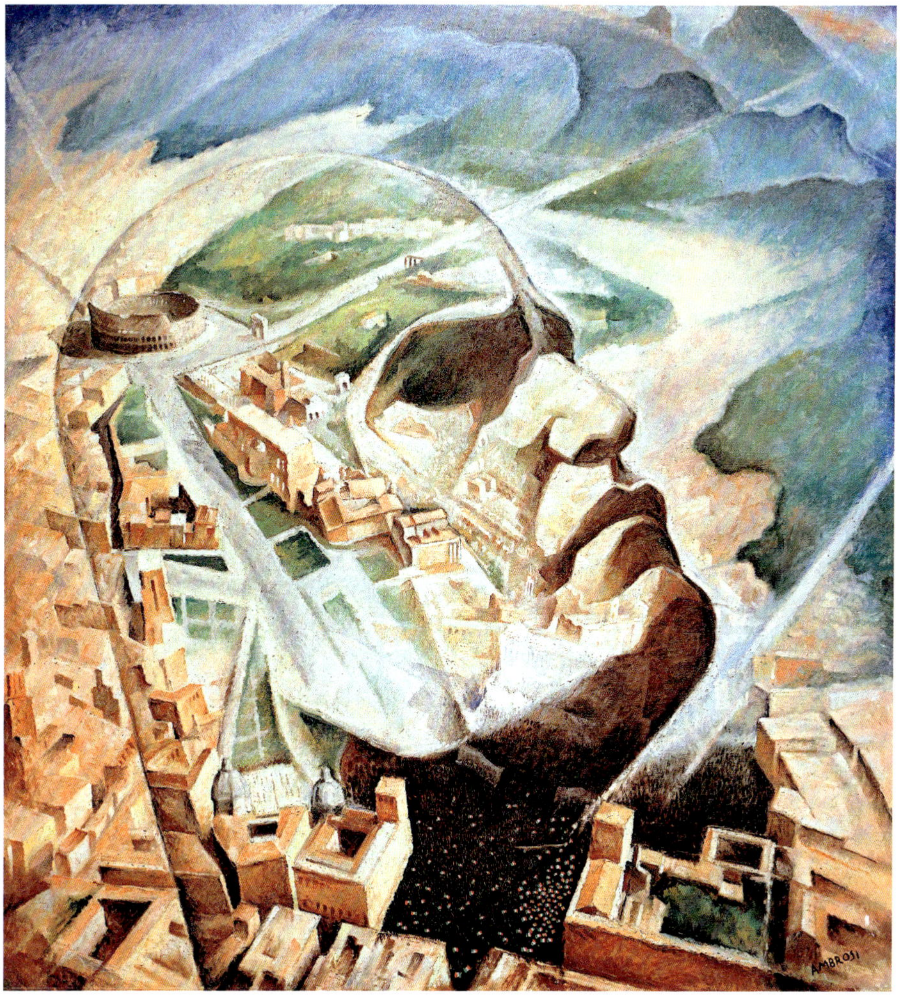

Alfredo Ambrosi
Portrait de Benito Mussolini devant une vue de Rome, 1930
Huile sur toile, 124 x 124 cm
Collection particulière

La politique culturelle des fascistes italiens est différente de celle que mènent les régimes totalitaires en Allemagne ou en Russie, pays dans lesquels l'art moderne est violemment et massivement discriminé et étouffé. S'il est vrai que Mussolini élève à nouveau l'art antique avec sa mythologie romaine et son penchant au monumental au rang d'art national, il n'empêche que les tendances modernes sont tolérées. Des conflits irréductibles sont ainsi programmés, ainsi l'architecte du régime fasciste, Marcello Piacentini, crée des édifices colossaux destinés à durer éternellement, alors que selon les idées de l'architecte futuriste Sant'Elia chaque génération doit élaborer son environnement urbain.

Le futurisme ne connaîtra pas en Italie le sort que l'Allemagne réserve à l'expressionnisme. Mais de par son programme qui englobe tous les domaines de la vie, les artistes se trouvent dans une position précaire et douteuse, à mi-chemin entre compromission et affirmation de leurs personnalités.

L'art et la vie

Le second futurisme présente deux développements successifs marquants. Au cours des années 1920, à partir de prémisses esthétiques différentes, il finira par s'étendre à presque tous les domaines plastiques – habillement, ameublement, gastronomie, scénographie, costumes, décors, céramique, graphisme, publicité. L'art et la vie, arte-vita, se rapprochent considérablement. Quant aux artistes des années 1930, ils transportent le dynamisme futuriste dans de nouvelles dimensions spatio-temporelles par le biais de l'aéropeinture. Les deux tendances sont issues de ce que l'on a baptisé la phase héroïque du futurisme

Giacomo Balla
***Projet de chambre d'enfant*, 1914**

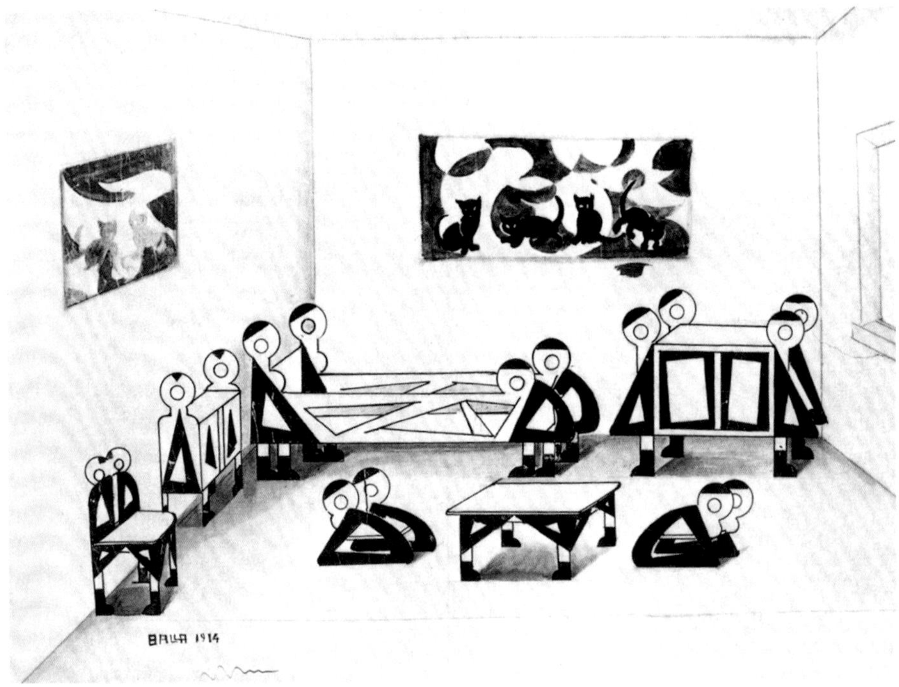

« L'art doit devenir une fonction de la vie. »
— UMBERTO BOCCIONI

qui, sa vision embrassant tous les aspects de la vie, était agencé dès le départ de manière pluridisciplinaire : dans le « Manifeste technique de la peinture futuriste » de 1910. Les artistes demandent explicitement que l'art participe à la vie. Marinetti et ses protagonistes ne cessent de glorifier « l'aéroplane, qui glisse, pique ou monte en vrille », soulignant que voler est une expérience moderne et fascinante de la vitesse : « Le temps et l'espace sont pulvérisés par la construction foudroyante que la terre s'enfuit à toute vitesse sous l'aéroplane immobile. » Le motif de l'avion apparaît chez Balla, Severini et Sironi mais aussi sur la scène internationale, par exemple chez Robert Delaunay. Il ne faut pas oublier que Kasimir Malevitch et El Lissitzky avaient défini dès la fin des années 1910 de nouveaux modèles spatiaux ayant vaincu « la liaison au sol terrestre » à l'aide d'une syntaxe picturale constructive complètement abstraite.

Le manifeste publié par Giacomo Balla et Fortunato Depero en 1915, « La ricostruzione futurista dell'universo » (La reconstruction futuriste de l'univers), est à la fois lien et fanfare de trompettes entre la première et la seconde phase du futurisme. Les auteurs y exaltent ce qui a été fait au début du mouvement et déclarent vouloir réaliser la fusion totale de l'art et de la vie afin de recréer complètement l'univers. « Nous donnerons un squelette et une chair à l'invisible, à l'impalpable, à l'impondérable, à l'imperceptible. » Une fois encore, l'artiste entre en scène comme un démiurge – sans qu'apparaisse toutefois le ton pathétique subversif habituel jusqu'ici.

Ils édifient de manière ludique et synthétique le nouvel univers dynamique qui englobe tous les thèmes de l'existence. Balla et Depero étudient ainsi dans le détail le jeu et le jouet et présentent des modèles d'éducation qui doivent fondamentalement marquer l'évolution de l'enfant. Le manifeste mentionne que le jouet futuriste encourage la créativité – un potentiel dont le groupe a pris conscience de bonne heure, invitant dès 1911 des enfants à livrer eux aussi leurs œuvres à leur première exposition à Milan. Le climat qui règne dans la communauté futuriste a donc changé. Un processus synthétique et constructif a remplacé l'approche initiale analytique destructive de la phase qui a précédé la Première Guerre mondiale. Y est attachée une nouvelle orientation formelle esthétique, dans laquelle les artistes visualisent le dynamisme recherché à l'aide de structures plastiques.

Des espaces clairement répartis et des volumes élémentaires sont des moyens stylistiques essentiels, tout comme des couleurs vives et franches appliquées le plus souvent sur de vastes surfaces. Les artistes travaillent aussi de manière accrue avec des matériaux étrangers à l'art tels la feuille d'étain et la tôle ou avec des instruments musicaux ou électrotechniques. Les univers picturaux ainsi créés, et qui feront leur apparition les années suivantes, évoquent des narrations plastiques imbriquées l'une dans l'autre et présentent une dynamique plutôt lourde. L'homme y apparaît comme une unité mécanique construite, un être hybride mi-robot mi-idéal de chair, tel que l'annonçait déjà l'homme-machine de guerre créé par Marinetti dans son roman *Mafarka le futuriste*.

Les prémisses formelles valent aussi pour d'autres champs de création que les artistes exploitent à présent. Ainsi Balla, qui forme à Rome un nouveau groupe avec Depero et Prampolini, s'intéresse particulièrement au vêtement. Dès 1912, durant un séjour à la maison Löwenstein de Düsseldorf, Balla s'était fait remarquer par sa garde-robe insolite qui contrastait non seulement avec la norme mais aussi avec le sérieux des futuristes eux-mêmes, qui arboraient toujours des costumes sombres lors de leurs soirées. En 1914, il rédige le manifeste « Il vestito antineutral » (Le vêtement anti-neutre). Le pantalon et la veste présentent de vives couleurs et leur coupe est dynamique.

Le costume masculin vu par Balla – plus voyant encore que la mode féminine futuriste – et dont il se sert aussi pour ne pas passer inaperçu est fait pour provoquer et annoncer le programme futuriste dans l'espace public. Un manifeste de Balla traitant de la mode féminine n'apparaîtra qu'en 1920 – il faut dire que Marinetti avait voué le thème de la femme à une existence marginale en condamnant de manière péremptoire la sentimentalité féminine et en réduisant la femme à ses « valeurs animales ». On notera à ce propos que la Française Valentine de Saint-Point sera la seule femme à apporter une contribution théorique au futurisme avec son « Manifeste de la femme futuriste ».

L'orientation interdisciplinaire du second futurisme est particulièrement visible dans les Casa d'arte futuriste, les maisons futuristes, qui forment alors un véritable réseau dans le pays. Les artistes aménagent les habitations, y disposant des meubles fabriqués à la main, des décors, des céramiques, des tapisseries murales et d'autres choses encore. Ils créent ainsi de petites unités de proclamation et de diffusion qui doivent consolider dans la société le nouveau sentiment existentiel futuriste par des expositions, des représentations,

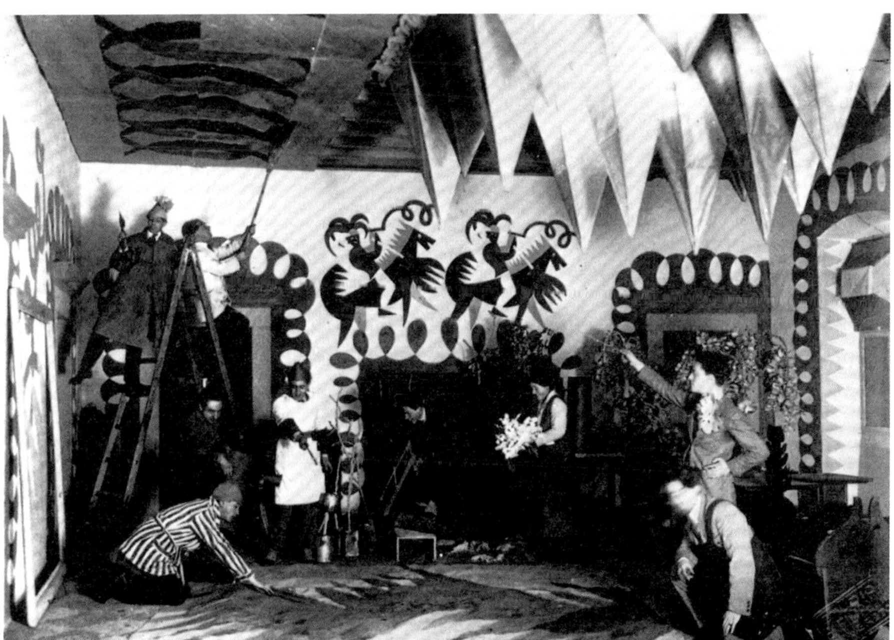

Fortunato Depero
Préparatifs de fête futuriste, 1923

des publications et la vente de produits. On n'observe pas en Italie de fabrication en série, telle qu'elle est pratiquée parallèlement en partie en Allemagne au Bauhaus. C'est plutôt que l'approche typiquement performatrice du futurisme acquiert avec ces maisons une nouvelle forme d'expression.

Le 4 octobre 1918, le photographe Anton Giulio Bragaglia inaugure la première de ces maisons, la Casa d'arte Bragaglia, à Rome, à la Via Condotti. Suivent la Casa d'arte italiana romaine de Prampolini et Mario Recchi, la maison de Balla également située à Rome, et ouverte au public l'après-midi, ou la maison de Fortunato Depero à Rovereto, que l'artiste décore en 1919 de meubles futuristes et de tapisseries spécifiques en tissu. On peut visiter aujourd'hui encore la Casa d'arte Depero, l'un des rares témoignages conservés de cette formulation futuriste d'une œuvre d'art totale.

L'aéropeinture, « expression de l'idéalisme cosmique »

À la fin des années 1920, Balla se détourne du mouvement futuriste et Depero s'installe quelque temps à New York pour travailler de manière plus soutenue dans la publicité. Le visage du futurisme change alors une fois encore et l'aéropeinture fait son apparition.

Depuis Léonard de Vinci qui rêvait de voir les hommes conquérir le ciel en dessinant des machines volantes, les artistes s'intéressent à l'expérience du vol et à ses conditions mécaniques et physiques. Ce thème est prédestiné pour les futuristes, d'autant plus qu'au début du XXe siècle, des journées de l'aviation rendent le transport aérien populaire en de nombreux endroits.

Des artistes comme Dottori, Tato, Crali ou Prampolini partagent l'enthousiasme de Marinetti pour l'aviation, et fondent ce qui sera l'ultime sursaut du futurisme. Une fois de plus, le culte de la machine génère des perceptions excitantes et donne de l'essor au futurisme. Des perspectives inhabituelles et la vitesse de l'appareil transforment la manière de voir.

Un des thèmes majeurs de cette peinture est la terre vue du ciel, montrant une surface courbe. Pour rendre ces images, les artistes réinventent les moyens formels des années 1920 : des couleurs vives mais aussi mélangées, une facture cubiste ou plate et en

Gerardo Dottori
À 300 kilomètres/heure au-dessus de la ville, 1930
Techniques mixtes sur carton,
48 x 60 cm
Collection particulière

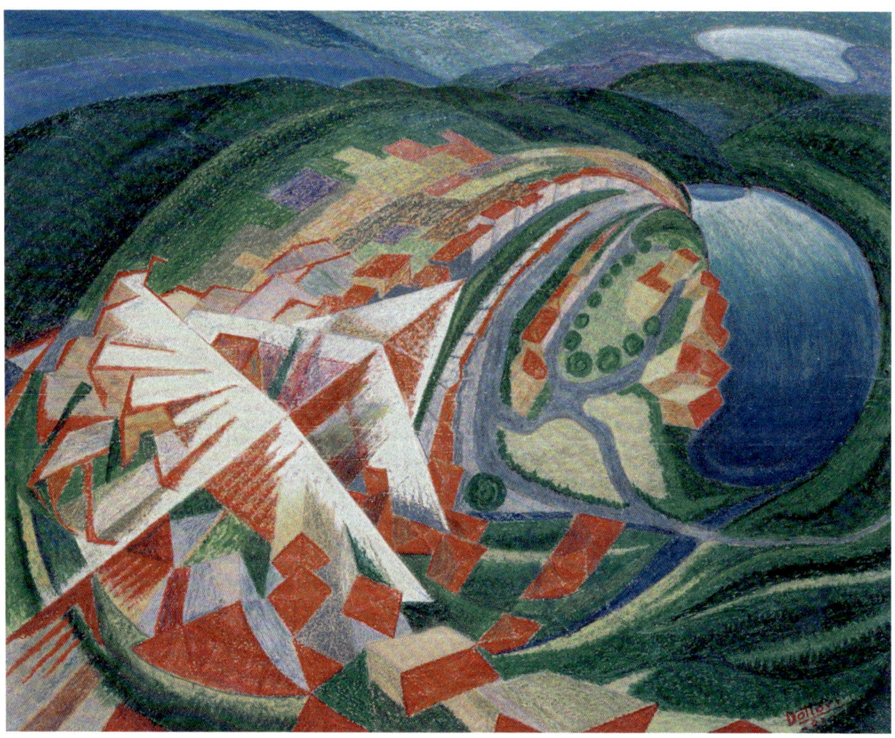

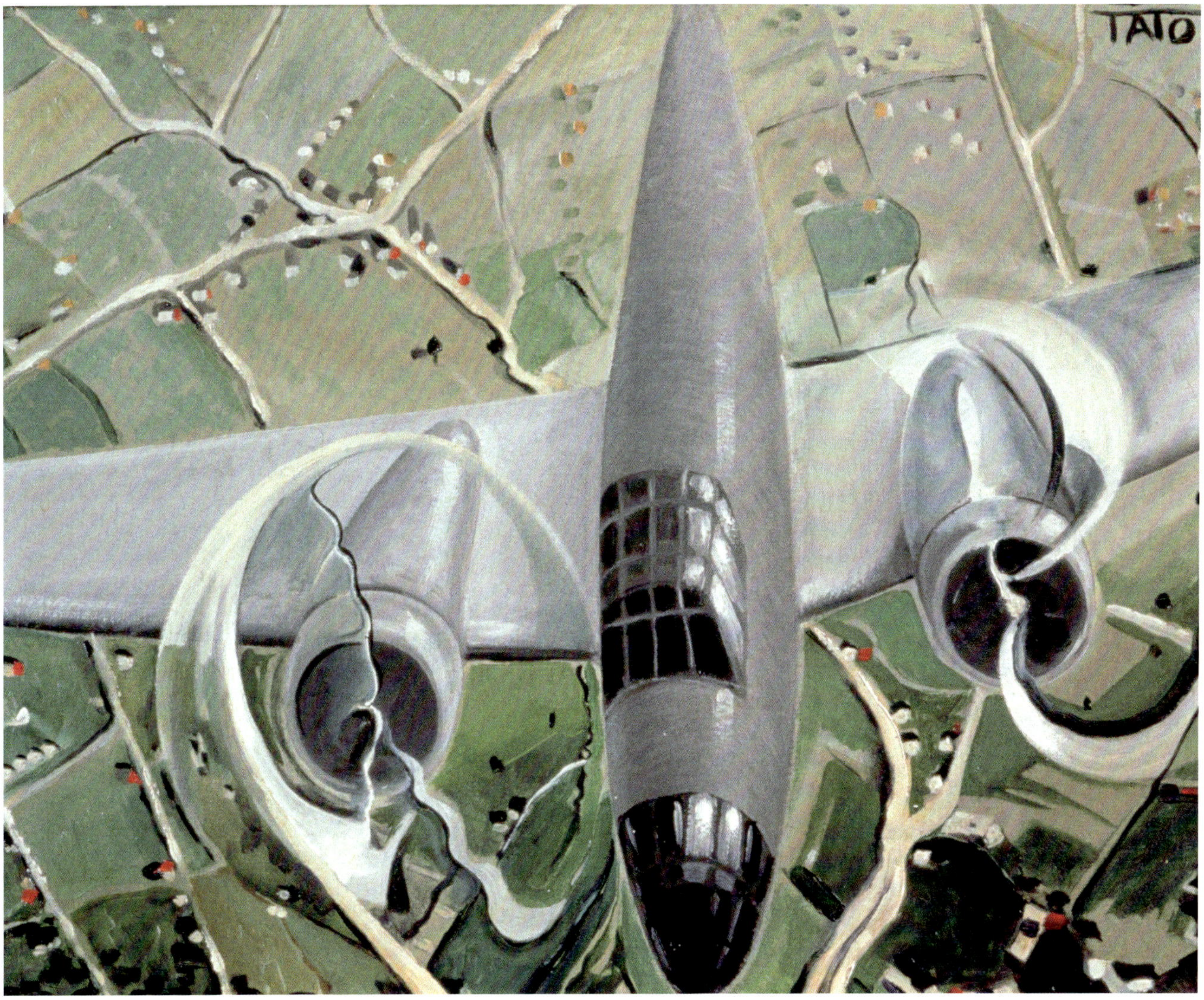

Tato (Guglielmo Sansoni)
Diableries d'hélices, 1936
Huile sur toile, 50 x 60 cm
Collection particulière

facettes animent les compositions. Parfois les peintres se contentent de documenter simplement le vol, d'autres fois ils élèvent l'objet sur un plan transcendantal et lui trouvent ainsi un équivalent abstrait – les tonalités chromatiques « célestes » traduisant les sensations de liberté générées par le voyage en avion.

Marinetti qui rédige en 1931 un manifeste sur l'aéropeinture, prédit que le lyrisme de celle-ci débouchera bientôt sur une nouvelle « spiritualité surnaturelle » dans les arts plastiques. Mais le futurisme ne pourra atteindre cet objectif exigeant. À la mort de Marinetti en 1941 correspond aussi la fin du mouvement qui avait perdu sa force d'impact au lendemain de la guerre. La volonté de retour à l'ordre qui règne dans l'entre-deux-guerres en Europe et le nouveau classicisme de la peinture métaphysique attirent des énergies créatives. Et puis le futurisme connaîtra une période d'ombre et de condamnation idéologique à cause de ses affinités avec le fascisme. Les « bons incendiaires aux doigts carbonisés » pour qui l'art ne pouvait être que « violence, cruauté et injustice » seront redécouverts par les divers mouvements d'avant-garde.

Giacomo Balla

Dynamisme d'un chien en laisse, 1912

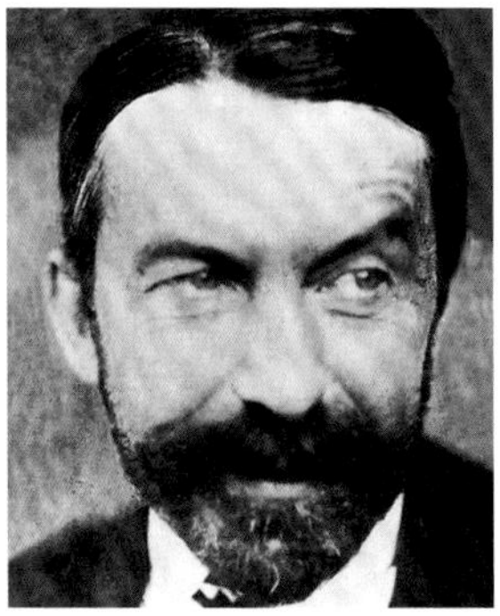

* 1871 à Turin
† 1958 à Rome

L'œuvre de Giacomo Balla est caractérisé par la recherche continuelle de la nouveauté. Dans la première phase futuriste, il définit un dynamisme qui fixe le mouvement dans le tableau. L'artiste travaille parallèlement à des ordonnancements de couleur et de lumière qu'il varie selon divers motifs. Après 1915, il teste les possibilités d'un langage plastique sur de vastes surfaces, allant dans le sens de l'énergétique futuriste universelle.

Dynamisme d'un chien en laisse (Dinamismo di un cane al guinzaglio) est le premier tableau futuriste dans lequel Balla « proclame » sa position. L'artiste déploie la promenade d'une dame avec son chien en innombrables séquences de mouvement. On se souvient que Balla a lui aussi signé en 1910 le « Manifeste technique de la peinture futuriste », où l'on peut lire qu'un cheval n'a pas quatre pattes mais vingt. Il a pu élaborer la méthode de la multiplication des membres en regardant les chronophotographies d'Étienne-Jules Marey qui, dès 1882, à l'aide d'un fusil photographique de son invention, tente d'analyser la locomotion humaine et animale (hommes en marche, vols d'oiseaux). Ses prises de vue en rafale mettent au jour une série graphique de mouvements que Balla reproduit en 1912 dans des études.

Dans le tableau *Dynamisme d'un chien en laisse*, en revanche, il concentre les diverses phases du mouvement, générant un flou qui correspond tout à fait aux enregistrements de mouvements réalisés à la même époque par les photographes futuristes Anton Giulio et Arturo Bragaglia. La photographie et le cinéma – Balla est coauteur de *Vita futurista* tourné en 1916 par Arnaldo Ginna – sont à cette époque des champs référentiels importants pour le peintre. Dans *Dynamisme d'un chien en laisse*, le cadrage insolite de la scène révèle ces influences. Le regard est orienté vers le bas, sur la surface du trottoir rayée de fines diagonales. Le spectateur ne voit donc qu'un fragment de la femme qui passe et le chien peut devenir le centre d'intérêt.

Balla modifie deux phénomènes connus dans l'histoire de l'art. Les impressionnistes et les néo-impressionnistes avaient déjà découvert le motif de l'animal de compagnie et du promeneur dans la seconde moitié du XIXe siècle. Dans sa célèbre toile pointilliste, *Un dimanche après-midi à la Grande Jatte* (The Art Institute of Chicago, 1884–1886), Georges Seurat peint un singe et un chien, enrichissant d'un élément iconographique la composition basée sur des normes optiques. En représentant ce chien en promenade dans la grande ville Balla réussit à rendre ce mélange bizarre d'indifférence nonchalante et de concentration sur un détail de la rue qui distingue le promeneur. Il dépeint ainsi incidemment une société en mutation.

Pendant des siècles, seuls les cercles aristocratiques avaient pu posséder un animal de compagnie, le plus souvent un chien ou un chat, et maintenant au début du XXe siècle, la bourgeoisie et les classes moyennes aisées achètent de petits animaux pour montrer leur prospérité nouvelle. En déambulant avec leur compagnon à quatre pattes à travers la ville moderne, les employés qui travaillent dans la métropole industrielle en expansion et dans les bureaux situés à la périphérie des villes montrent leur nouvelle position dans la société.

Ce comportement va à l'encontre du dynamisme que prône le mouvement futuriste, et il le commente. Il place le chien au centre du tableau et découpe la silhouette féminine. Ce faisant, il ne parodie pas seulement la relation entre l'être humain et l'animal, mais se moque aussi des structures sociales sclérosées de son pays.

Dynamisme d'un chien en laisse, 1912
Huile sur toile, 95,9 x 115,9 cm
Buffalo, Albright-Knox Art Gallery, legs de A. Conger Goodyear et don de George F. Goodyear, 1964

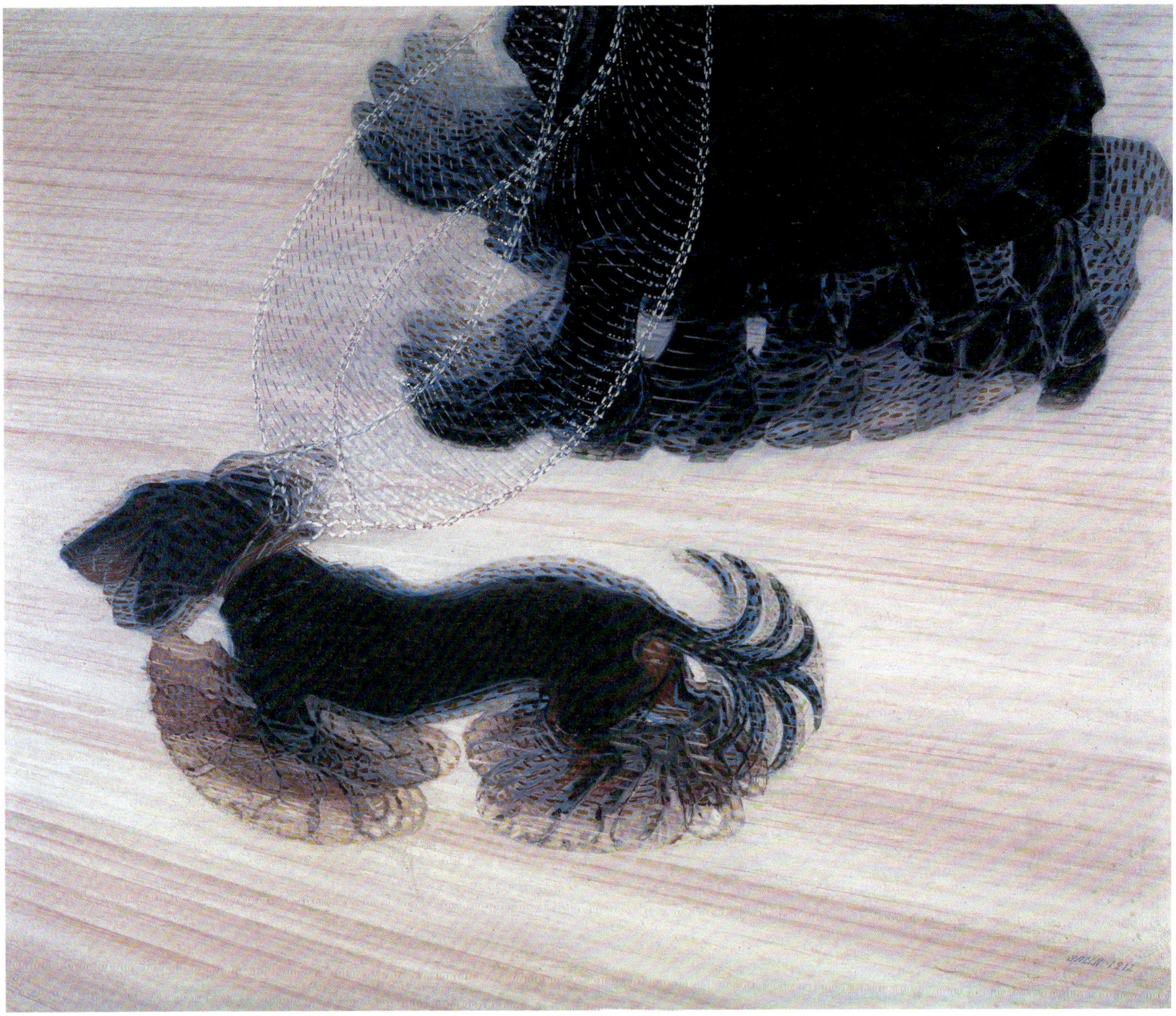

Giacomo Balla

Petite fille courant sur un balcon, 1912/13

« Nous les futuristes, nous sommes les seuls primitifs d'une nouvelle sensibilité entièrement transformée. »
— UMBERTO BOCCIONI

Avec la *Petite fille courant sur un balcon (Bambina che corre sul balcone)*, Giacomo Balla évoque l'intérêt scientifique qu'il porte aux analyses du mouvement et de la lumière et rassemble ses connaissances dans ce domaine. Les chronophotographies d'Étienne-Jules Marey et le photodynamisme des frères Bragaglia, ses protagonistes futuristes, incitent le peintre à multiplier la forme pour représenter l'impression de mouvement. Les expériences de Balla avec la couleur et la lumière s'inspirent en revanche de la peinture néo-impressionniste. Lors de son premier séjour à Paris en 1900 à l'occasion de l'Exposition universelle, il étudie déjà le divisionnisme de Georges Seurat et de Paul Signac (1863–1935).

Seurat a modifié la facture impressionniste qui montre de fins coups de pinceau. Il compose ses motifs en juxtaposant de petits points de couleur relativement pure que le mélange optique transforme en image pour le spectateur. Seurat met ici à profit entre autres les découvertes du chimiste Michel-Eugène Chevreul dont le mémoire « De la loi du contraste simultané des couleurs et de l'assortiment des objets colorés » écrit en 1839 a déjà incité des artistes comme Eugène Delacroix (1798–1863) à réaliser des expériences chromatiques scientifiquement fondées. La notion de « contrastes simultanés » signifie que face à une couleur l'œil « prévoit » une couleur complémentaire. Ainsi le jaune éveille un bleu rougeâtre, le bleu un jaune orangé et le pourpre un vert : chaque couleur tend à colorer de sa couleur complémentaire les couleurs avoisinantes, et la juxtaposition des couleurs génère une image d'ensemble harmonieuse. Avant d'utiliser cette méthode dans *Petite fille courant sur un balcon*, Balla étudie le comportement et l'effet de la couleur et de la lumière sur un plan absolument non figuratif.

Il réalise ainsi en 1912 les *Compénétrations iridescentes (Compenetrazioni iridescenti)* en analysant la couleur à l'aide de diagrammes ressemblant à des kaléidoscopes. Balla élabore en un premier temps ces diagrammes chromatiques durant son séjour à Düsseldorf – la famille Löwenstein l'avait chargé de décorer sa demeure de peintures. Balla découvrira très probablement ici la pyramide chromatique composée de triangles isolés du mathématicien et naturaliste bâlois Johann Heinrich Lambert (1728–1777) qui a étudié la puissance du rayonnement lumineux et les normes de l'absorption de la lumière. Dès lors Balla partage les couleurs en triangles pointus de même taille, leur donne des intensités diverses – il éclaire la couleur en y ajoutant du blanc –, et les rassemble en systèmes. On notera que ces rythmes optiques apparaissent à la même époque que les *Disques simultanés* de Robert Delaunay, dans lesquels l'artiste français, s'inspirant du cercle chromatique de Chevreul, joue avec le dynamisme des couleurs disposées en formes circulaires.

Balla met à profit ces connaissances nouvellement acquises dans son tableau *Petite fille courant sur un balcon*. Une lumière éclatante détruit la matérialité des corps et décompose la scène en innombrables unités de couleur, ce qu'amplifie aussi la multiplication des formes indiquant le mouvement. Les éléments isolés – fillette, balustrade, cadre de porte – fusionnent pour générer un champ de couleur vibrant, dénué de toute référence spatiale. Connaissant l'ordonnancement des couleurs, Balla traduit le motif figuratif en un système conceptuel et pose ainsi la question des normes et de l'essence même de la réalité.

Petite fille courant sur un balcon, 1912/13
Huile sur toile, 125 x 125 cm
Milan, Museo del Novecento

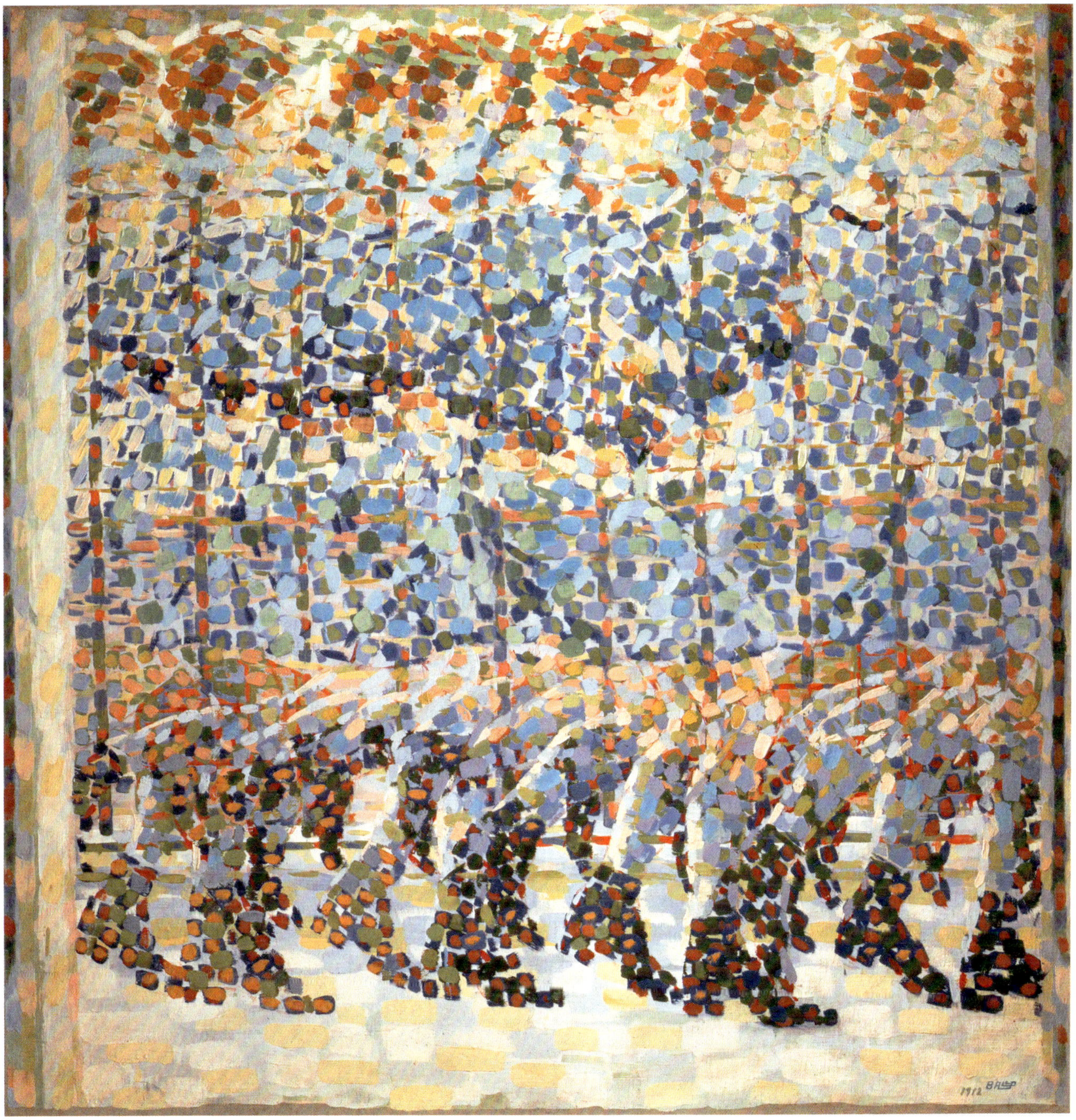

Giacomo Balla
Le Passage de Mercure vu au télescope, 1914

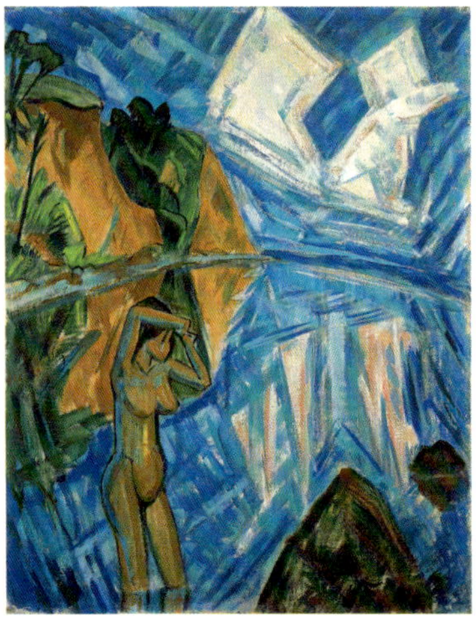

Erich Heckel
Le Jour de verre, 1913
Huile sur toile, 117 x 92 cm
Munich, Bayerische Staatsgemälde-sammlungen, Pinakothek der Moderne

C'est un événement naturel, une éclipse partielle survenue en 1914, qui inspire à Giacomo Balla le tableau *Le Passage de Mercure vu au télescope (Mercurio passa davanti al sole visto nel cannocchiale)*. L'artiste reproduit ses observations sur une série de feuilles. La planète Mercure peut être vue comme un point noir quand elle passe devant le disque solaire durant sa révolution. Ces passages ne sont pas fréquents et c'est le seul moment où Mercure peut être vu de la Terre.

Le tableau témoigne de l'intérêt que Balla porte aux phénomènes scientifiques naturels, et qui est caractéristique de sa première période futuriste. Il avait auparavant abordé le sujet de manière strictement analytique et présenté les phases du mouvement à l'aide d'un chien en marche ou d'une automobile roulant et puis, vers 1912/13, il avait décomposé la lumière en systèmes ordonnés colorés, les *Compénétrations iridescentes*. Avec *Le Passage de Mercure vu au télescope*, il réunit dans son œuvre le concept de dynamisme universel, fondamental pour les futuristes, et le symbolisme cosmologique. Le soleil et Mercure apparaissent comme des signes, en forme de disque et d'étoile.

Balla marie ces symboles dans une constellation formelle et chromatique dynamique. Il condense le spectacle céleste sur le plan plastique et le transforme en une vision cosmologique de la nature. Avec le cercle, l'arc, le tourbillon et des surfaces l'artiste crée un langage formel géométrique élémentaire. La vitalité de la nature est reflétée dans le champ de forces que ces éléments formels produisent – surtout sous la forme du tourbillon vu comme une construction dynamique – et dans leur pénétration réciproque.

En outre, dans *Le Passage de Mercure vu au télescope*, Balla élabore, en suivant le modèle de décompositions mécaniques du mouvement réalisées précédemment, un milieu transparent ininterrompu sur les formes planes. De fines couches de traits noirs, bleus et verts constituent les plans et les volumes. Ils font simplement allusion au caractère tridimensionnel des formes et laissent transparaître le fond jaune-brun sur toute la surface du tableau. Un blanc lumineux issu de l'étoile qui se trouve dans le coin supérieur gauche recouvre et traverse en rayons la composition jusqu'aux bords du tableau. Il souligne la pénétration complète de tous les éléments et favorise par sa clarté intense l'impression de réfraction cristalline.

Le cristal est une roche primitive montrant une structure géométrique élémentaire. Il est lié à l'idée de limpidité immatérielle et est présent sous forme de structure et de métaphore dans la représentation que Balla nous donne du passage de Mercure. Il est un lieu commun ancré dans l'histoire de l'art et, au début du XXe siècle, les artistes adoptent son contenu essentiel et sa transparence pour visualiser souvent une image du monde panthéiste. Erich Heckel, par exemple, dans son tableau *Le Jour de verre* de 1913, plonge une de ses baigneuses dans un paysage entièrement facetté, démontrant l'unité entre l'être humain, la nature et le cosmos.

Le futuriste russe David Bourliouk se tourne en 1916 vers l'atome, élément du cristal, et les architectes Bruno Taut et Hans Scharoun conçoivent des édifices de verre basés sur le modèle de la structure cristalline. En art, la notion de cristallinité est presque toujours teintée de romantisme, et Balla ne fait pas exception à la règle : malgré l'intérêt scientifique qu'il porte à l'événement, on découvre dans *Le Passage de Mercure vu au télescope* une note légère de rêverie et d'idéalisation.

Le Passage de Mercure vu au télescope, 1914
Détrempe sur papier tendu sur toile, 138 x 99 cm
Vienne, Museum moderner Kunst Stiftung Ludwig Wien

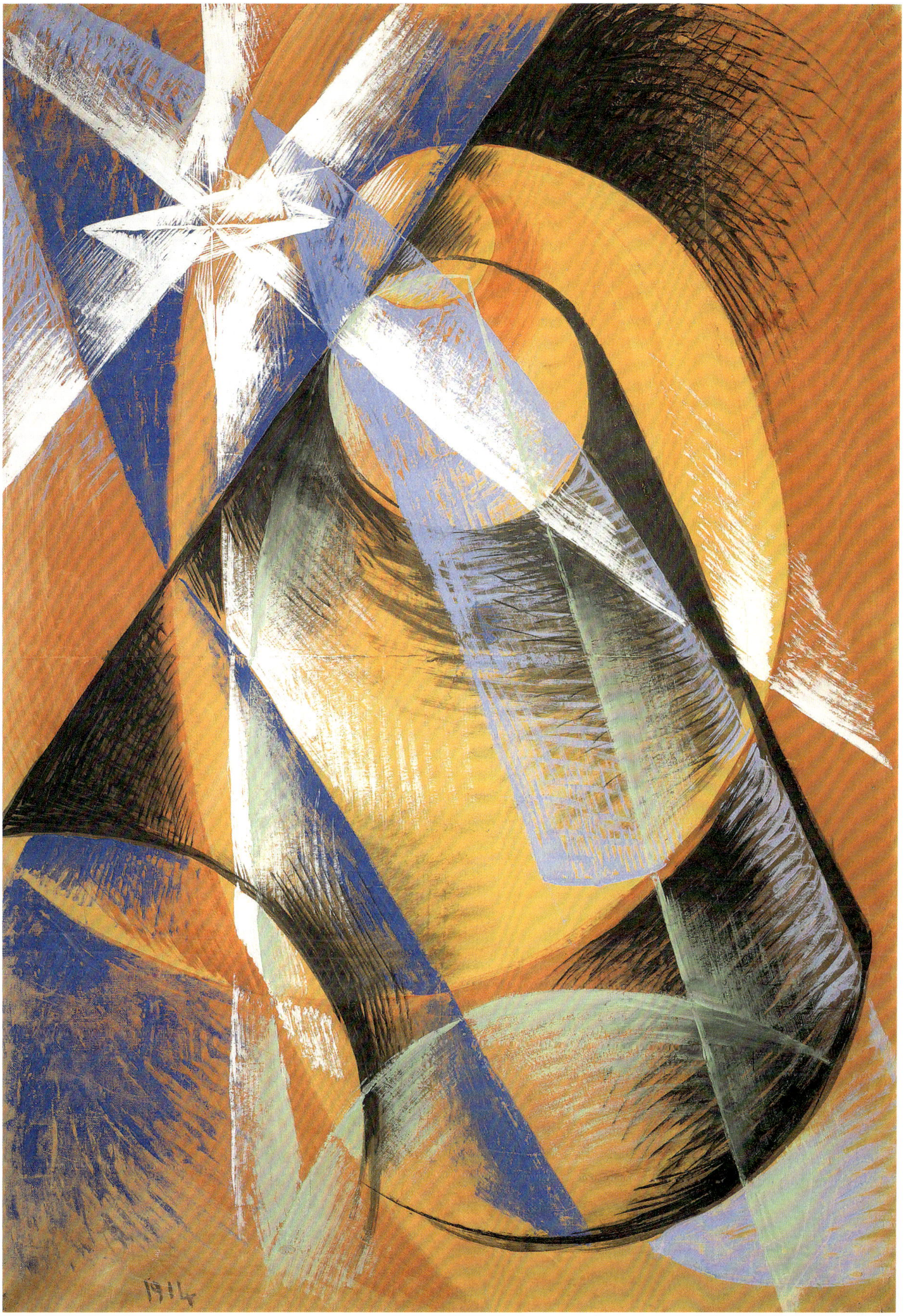

Giacomo Balla
Vive l'Italie, 1915

Vive l'Italie (Viva l'Italia) a vu le jour dans le contexte de l'euphorie belliciste des futuristes et présente sans guère les nuancer les idées patriotiques des artistes italiens. Les futuristes réclament depuis longtemps à cor et à cri l'entrée en guerre de l'Italie, et leurs déclarations publiques et leurs publications chauffent à blanc le climat nationaliste. Ils veulent voir leur pays à la tête de l'Europe sur le plan politique comme sur le plan culturel. En mai 1915, l'Italie déclare la guerre à l'Autriche-Hongrie. De nombreux artistes italiens se portent alors volontaires pour le front. La dynamique de combat idéalisée et l'allégresse des couleurs vives qui caractérisent les tableaux réalisés à cette époque expriment l'enthousiasme qui les habite. *Vive l'Italie* occupe une position particulière au sein de ces tableaux de propagande. Il s'agit d'un *sbandieramento*, un tableau montrant le brandissement des drapeaux.

Pour saluer la guerre, Giacomo Balla utilise une formule picturale abstraite à double sens. Les couleurs vert-blanc-rouge qui se suivent reprennent celles du pavillon italien. En même temps, cette triple sonorité, enrichie de bleu violacé et d'orange, génère une composition dynamiquement enchevêtrée sans aucune référence figurative. Le pavillon couramment rectangulaire n'apparaît pas dans le tableau. Au lieu de cela, les couleurs s'imbriquent dans des formes en arc déployées à l'intérieur d'un courant de forces dirigé vers le centre – ce qui prête au mouvement des drapeaux une forme adéquate.

Vive l'Italie fait partie d'une série de compositions non figuratives réalisées par des artistes futuristes ; avec ses *Compénétrations iridescentes*, Balla lui-même avait créé en 1912 des systèmes de couleurs purement géométriques. Umberto Boccioni et Gino Severini accèdent vers 1913/14 à l'abstraction sphérique dans laquelle des couches de brefs traits colorés autorisent la pénétration de compartiments isolés.

Dans *Vive l'Italie*, Balla construit à l'aide d'éléments formels plastiques compacts une syntaxe picturale absolument objectale. Avec le peintre Fortunato Depero, son cadet, il met au point une nouvelle définition du dynamisme futuriste dans le manifeste « La ricostruzione futurista dell'universo » (La reconstruction futuriste de l'univers), paru en 1915, en même temps que les formulations plastiques. Les deux artistes qui forment la phalange du second futurisme y proclament un art orienté sur les « complexes plastiques ». Des slogans tels que « abstrait », « dynamique », « extrêmement coloré », « très lumineux », « autonome », « rotation », « démantèlement » accentuent les nouvelles directives de la création artistique.

Pour l'heure, la troisième dimension, la suggestion du plastique à partir du plan, devient surtout la base du dynamisme. Cette nouvelle orientation au sein du mouvement futuriste est déjà visible plus tôt dans l'œuvre de Balla. En 1912, il avait décoré la maison de l'avocat Löwenstein à Düsseldorf de frises ornementales, de peintures sur les murs et les plafonds. Il conçoit ici des aménagements intérieurs dans lesquels les peintures murales, les objets et les meubles fusionnent pour générer une unité géométrique ornementale. La surface et la spatialité entament ici un dialogue plein de tension.

À ce moment-là, l'artiste porte aussi son attention sur la mode masculine et dessine des costumes qu'il porte lui-même. L'intérêt de Balla pour les volumes massifs se manifeste impétueusement en 1915 avec un travail comme *Vive l'Italie*. Pour renforcer encore la qualité plastique de sa peinture, l'artiste ajoute au tableau un cadre coloré. L'œuvre d'art acquiert ainsi le caractère d'un objet.

Vive l'Italie, 1915
Huile sur toile, 36 x 47 cm
Collection particulière

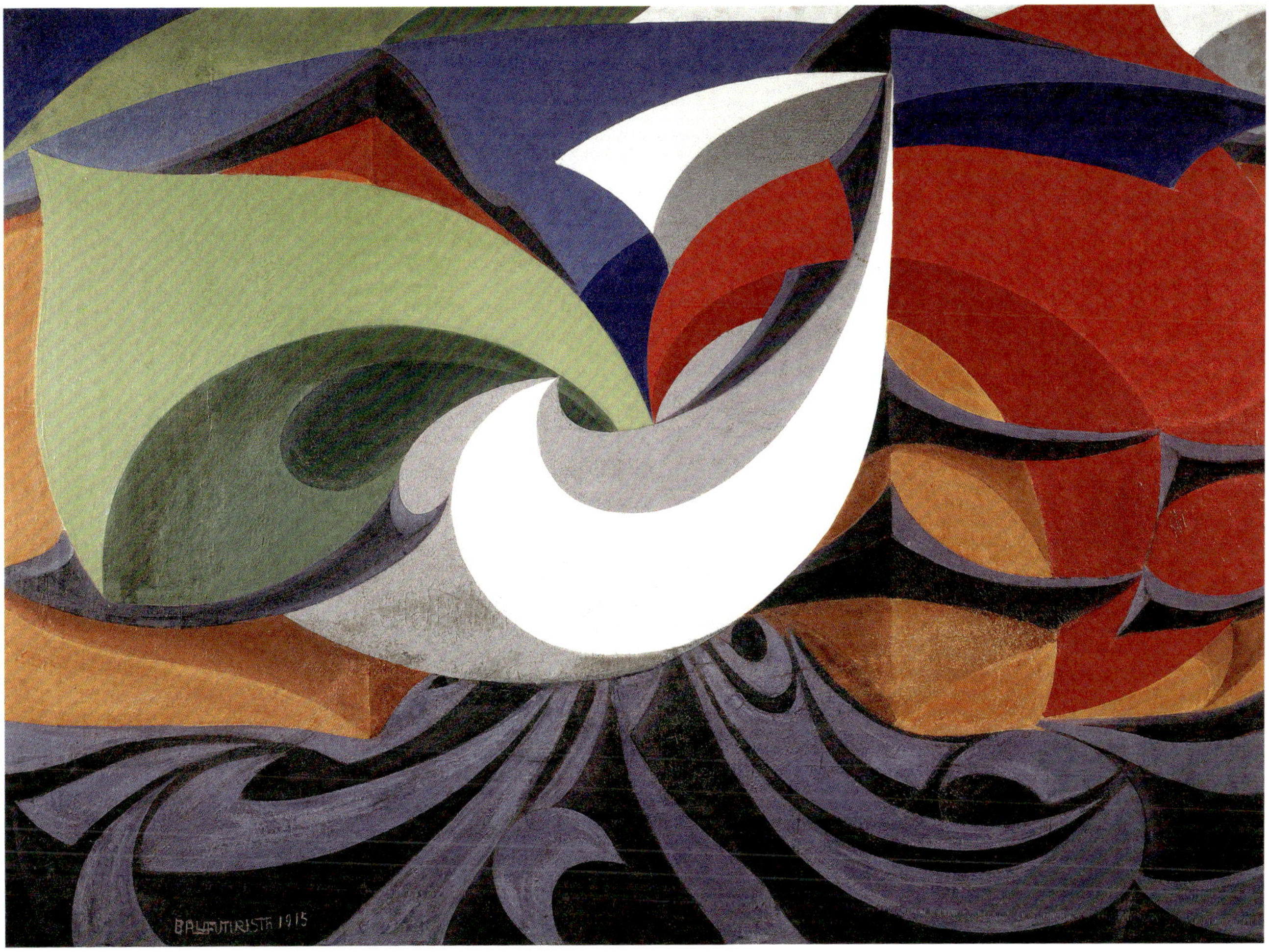

Giacomo Balla/Remo Chiti/Bruno Corra/ Arnaldo Ginna/F. T. Marinetti/Emilio Settimelli

Vie futuriste, 1916

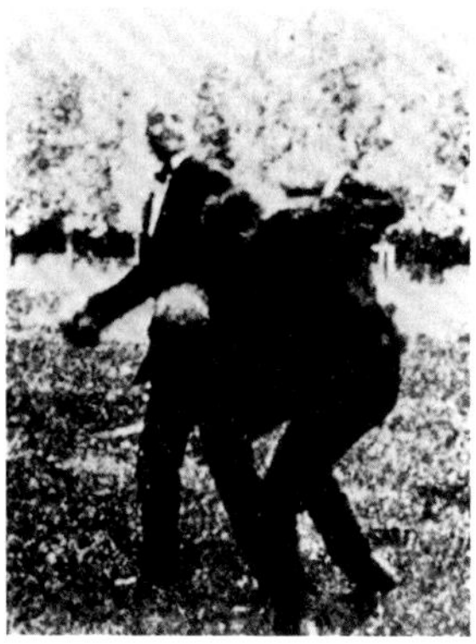

Vie futuriste, 1916
Photogramme, disparu

Le mouvement futuriste a engendré quelques films remarquables dont ne subsiste cependant que *Thais*, tourné en 1916 par Anton Giulio Bragaglia. Les expériences futuristes avec ce médium encore nouveau des images en mouvement déterminent un point fixe au sein du métier qui connaît une belle expansion depuis 1900. Ces débuts du cinéma présentent d'autres catégories tels le genre français du film policier *(Fantômas)* et la comédie burlesque – les personnages de Charlie Chaplin sont plus rapides à l'écran que les machines les plus modernes. À la fin des années 1910, Hans Richter et Viking Eggeling, entre autres, créent le « film absolu » et le pivotement de la caméra devient partie intégrante de la dramaturgie du film expressionniste.

Le futurisme est, avant l'expressionnisme et le surréalisme, le premier mouvement artistique qui s'efforce d'étudier les possibilités et le statut artistique du film. Avec leurs quatre courts métrages abstraits qui visent, à la manière des expériences en peinture, à illustrer une perception synesthésique, les frères florentins Arnaldo et Bruno Ginanni-Corradini ne réussissent cependant pas encore en 1911 à se faire accepter des futuristes doctrinaires.

On sait qu'Umberto Boccioni se refusait à voir dans la photographie et le film des moyens d'expression artistique à part entière. En 1916, immédiatement après sa mort, on assiste à une collaboration productive qui restera unique. Filippo Tommaso Marinetti, Emilio Settimelli, Arnaldo et Bruno Ginanni-Corradini – Ginna et Corra – et Giacomo Balla tournent un film ensemble et confirment ainsi définitivement l'autonomie esthétique du nouveau médium au sein du mouvement futuriste.

Ce film, intitulé *Vie futuriste (Vita futurista)*, ne peut être reconstitué aujourd'hui qu'à partir d'images isolées et de références littéraires. Il comprend plusieurs scènes qui se suivent et n'ont aucune relation entre elles, dans lesquelles les futuristes jouent leur propre vie au cœur d'une seconde réalité, filmique celle-là. On peut ainsi les voir attablés au Ristorante del Piazzale Michelangelo à Florence, en train de dormir ou de se promener. Quelques séquences en parallèle montrent des rencontres parfaitement incongrues et irréelles, telle la discussion entre un pied, un marteau et un parapluie ou la danse d'un spectre féminin pendant le mariage de Giacomo Balla avec une chaise.

Ce dernier épisode illustre l'idée esthétique que les futuristes se font d'une transparence de valeur universelle et de la pénétration de toutes les choses et fait en outre allusion aux relations que le futurisme entretient avec le paranormal et les manifestations ectoplasmiques très en vogue au tournant du siècle.

La structure du film reste fidèle à l'agencement numérique bien connu des soirées futuristes et du théâtre de variétés, les artistes ne se servent pas de la narration épique du film à long métrage qui s'impose au cinéma vers 1915. Avec son approche performatrice et ses éléments surréalistes, la *Vie futuriste* ouvre cependant la voie à d'autres langages artistiques, tels le surréalisme et plus tard l'art de la performance. Dans le manifeste « La cinématographie futuriste » également paru en 1916, Marinetti, Corra, Settimelli, Balla, Remo Chiti et Ginna définissent en s'appuyant sur *Vie futuriste* le film futuriste comme une « symphonie poly-expressive » et une « réalité abandonnée au chaos ». Il opérerait comme une « synthèse alogique et fugace de la vie du monde ». La première de *Vie futuriste* – le film est l'un des points au programme d'une soirée futuriste – aura lieu le 28 janvier 1917 au Teatro Niccolini de Florence.

Vie futuriste, 1916
Photogramme, disparu

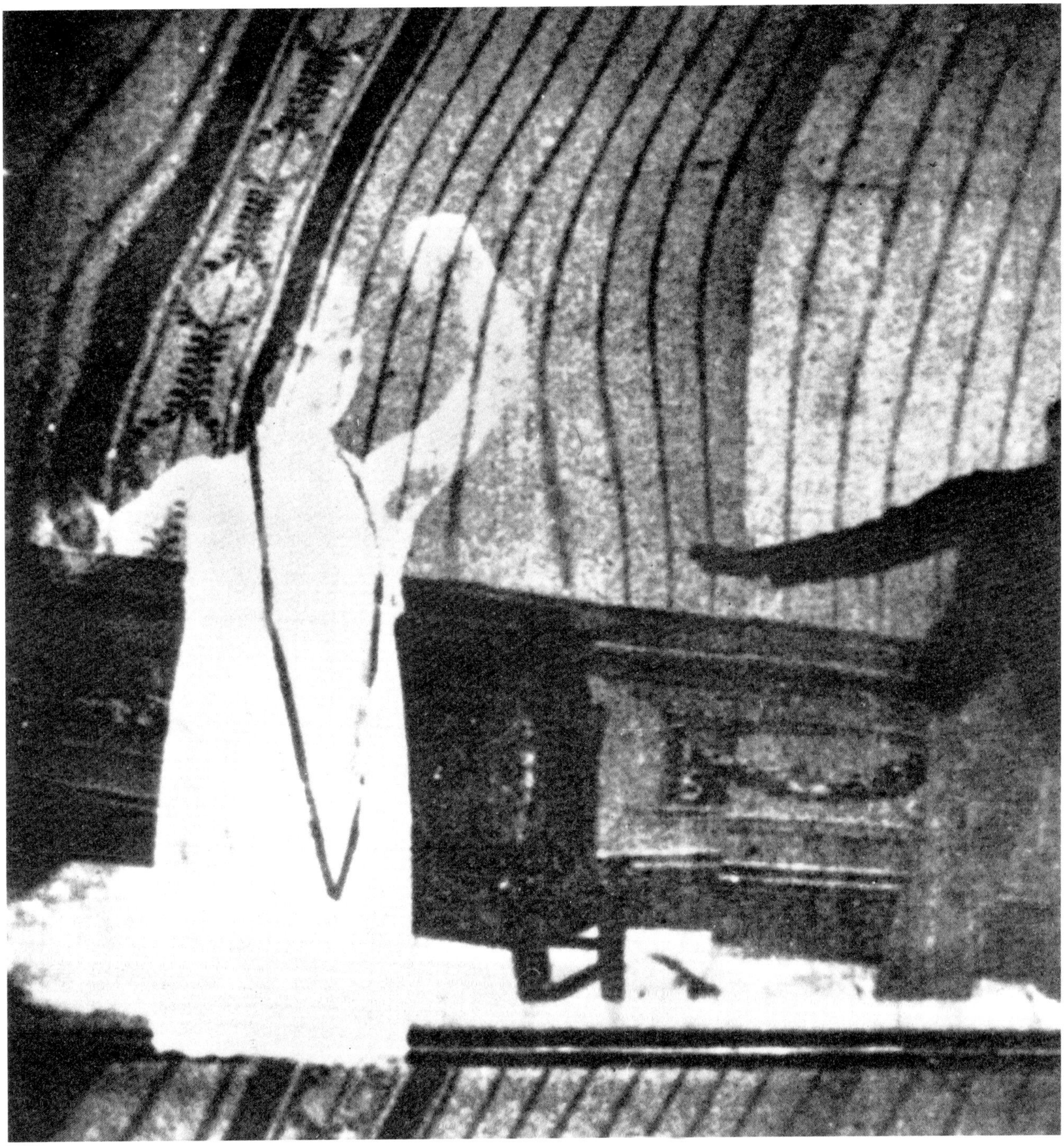

Umberto Boccioni

La Ville qui monte, 1910

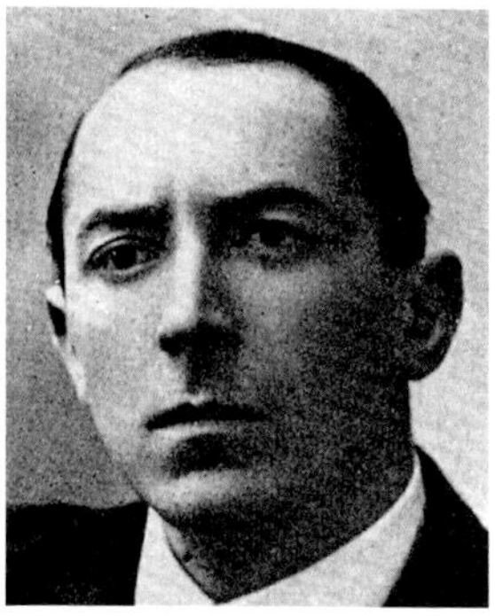

* 1882 à Reggio di Calabria
† 1916 près de Vérone

« La simultanéité des états d'âme dans l'œuvre d'art, voilà le but enivrant de l'art. »
— UMBERTO BOCCIONI E. A.

À côté de l'écrivain Filippo Tommaso Marinetti, le peintre et sculpteur Umberto Boccioni a joué un rôle essentiel dans le mouvement futuriste. Les œuvres qu'il a réalisées de 1910/11 à 1914/15 marquent jusqu'à ce jour de leur empreinte l'image de la première avant-garde italienne. Il a commenté ses travaux par de nombreux manifestes et publié en 1914 un recueil de textes théoriques intitulé *Dynamisme plastique, peinture et sculpture futuristes (Pittura scultura futuriste [Dinamismo plastico])*.

La Ville qui monte (La città che sale) est la première œuvre de Boccioni, qui englobe tous les aspects essentiels du mouvement futuriste dans son symbolisme et sa facture divisionniste reconnaissable au fin réseau de coups de pinceau. Elle a été précédée d'un projet de triptyque, *Géants et nains*, dont le volet gauche montre un arbre qui symbolise la nuit, le panneau central un attelage devant un chantier – le jour –, et le volet droit une construction technique qui représente le crépuscule. Boccioni abandonne le cycle journalier de la nature, du travail et de la technique au profit d'une composition beaucoup plus incisive. La ville qui monte nous montre le réveil de la métropole. Les gens se mettent au travail et commencent à circuler, l'ensemble développant une dynamique propre.

Des attelages de chevaux, des travailleurs et une maison en construction – dans le coin supérieur gauche une zone industrielle est ébauchée, qui se trouve normalement à la périphérie de la ville – forment par le biais de coloris expressifs et de brefs coups de pinceau condensés en courants et tourbillons une composition débordant de dynamique et d'énergie. Tous les détails de la scène fusionnent et créent un mouvement continu.

Boccioni a comprimé le motif qui devient une métaphore de la force. Ce faisant, il examine autant dans son tableau l'essor de la métropole à l'ère industrielle que la scène de rue quotidienne. Le cheval issu d'une époque préindustrielle et traité ici comme une bête de somme témoigne de l'intérêt non diminué de Boccioni pour l'union de la nature et de la technologie. Pour lui, la force du cheval de trait – un thème que Carlo Carrà aborde souvent – indique la voie qui mène à l'avenir. Le peintre semble ainsi en contradiction avec Marinetti qui exalte la technique et ses produits tels l'automobile, l'aéroplane ou le tramway, mais ce n'est qu'une apparence.

En effet, dans le texte fondateur du futurisme, Marinetti décrit les automobiles comme des « machines renâclantes » partant en chasse et du flair qui « suffit aux fauves ». L'homme, l'animal et la machine forment une symbiose sujette à de constantes métamorphoses. Dans *La Ville qui monte*, les ouvriers contribuent par leur force physique à l'essor dynamique – un écho du réalisme social que privilégiait Boccioni vers 1908/09. Marinetti, dans son roman écrit en 1910, *Mafarka le futuriste*, crée en revanche un hybride homme-machine qui met sa force au service de la destruction. Ainsi, la construction et la destruction ne s'excluent pas mutuellement dans le mouvement futuriste.

La Ville qui monte, 1910
Huile sur toile, 199,3 x 301 cm
New York, The Museum of Modern Art,
Mrs. Simon Guggenheim Fund

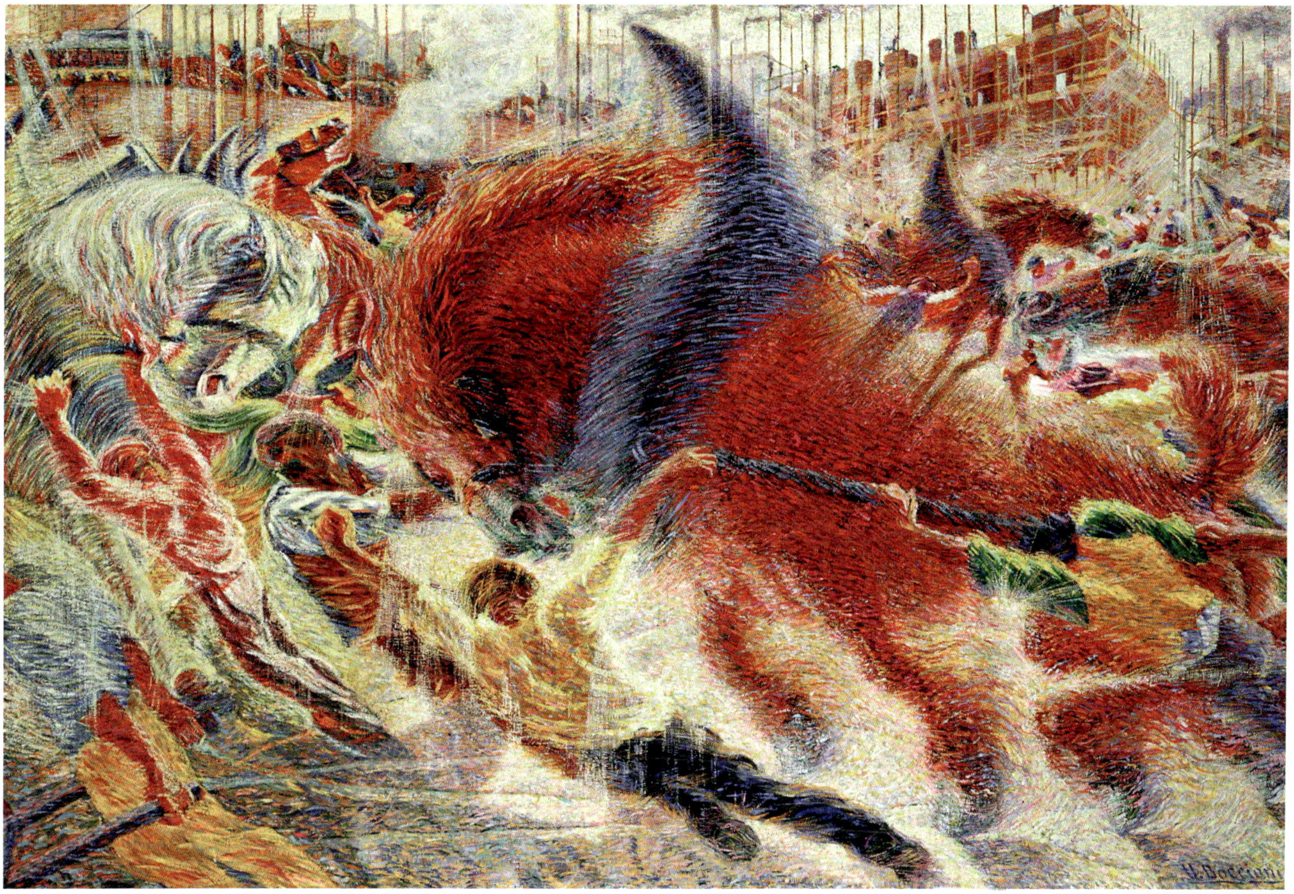

Umberto Boccioni
La Rue entre dans la maison, 1911

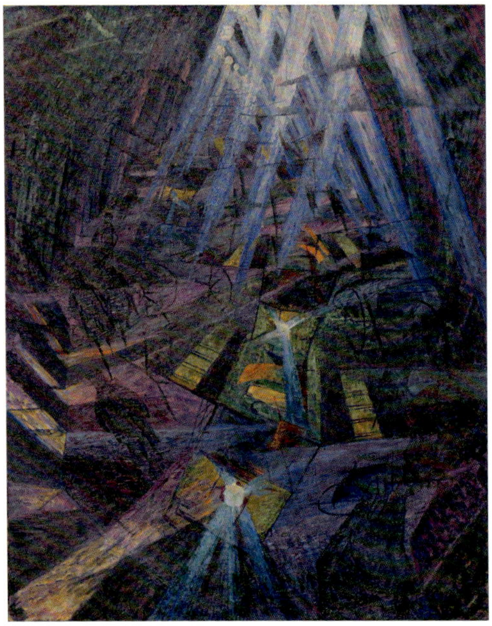

Umberto Boccioni
Les Forces d'une rue, 1911
Huile sur toile, 100 x 80 cm
Osaka, The National Museum of Modern Art

La Rue entre dans la maison (La strada entra nella casa) fait partie des tableaux présentés dans plusieurs grandes villes européennes durant la grande exposition itinérante futuriste qui débute en février 1912 à la galerie parisienne Bernheim-Jeune. Une de ces villes est Berlin où Herwarth Walden, lui-même une « jeune pousse » enthousiaste sur la scène artistique internationale, présente au public allemand dans sa galerie Der Sturm, dont ce sera la deuxième exposition, les jeunes avant-gardistes italiens Umberto Boccioni, Carlo Carrà, Luigi Russolo et Gino Severini. L'exposition reçoit un accueil favorable et s'avère aussi un succès financier pour les Italiens, vu que le banquier et collectionneur Albert Borchardt achète une grande partie des tableaux, dont *La Rue entre dans la maison*.

Dans le catalogue qui accompagne l'exposition, les futuristes définissent avec la verve qu'on leur connaît leur objectif artistique à l'aide d'exemples imagés. On peut ainsi lire au-dessus du tableau de Boccioni : « La simultanéité des états d'âme dans l'œuvre d'art, voilà le but enivrant de l'art. Encore quelques exemples pour expliquer. Quand nous peignons une figure sur le balcon, vu de la chambre, nous ne limitons pas la scène à ce qu'on peut voir à travers le carré de la fenêtre, mais nous nous efforçons de donner la totalité des sensations plastiques qui sont éprouvées par le peintre qui se trouve sur le balcon. Le grouillement de la rue au soleil, la double rangée de maisons qui s'étirent à droite et à gauche, les balcons fleuris, etc. C'est-à-dire simultanéité de l'environnement, et par conséquent, décalage et démantèlement des objets, éparpillement et fusionnement des parties isolées, qui sont libérées de la logique habituelle et indépendantes les unes des autres. Pour faire vivre le spectateur au milieu du tableau, ainsi que nous l'avons exprimé dans notre manifeste, le tableau doit être une synthèse de ce dont on se souvient et de ce qu'on voit. »

Impossible de mieux décrire *La Rue entre dans la maison* sur le plan de la forme et du contenu : le synchronisme de diverses sensations associées aux souvenirs et aux associations d'idées, d'où le concept futuriste de simultanéité. Logique avec lui-même, Boccioni donne une traduction plastique de ce principe dans *La Rue entre dans la maison*, prenant pour modèle formel les *Tour Eiffel* du peintre français Robert Delaunay. Mais l'artiste italien a une conception beaucoup plus vaste de la réalité qu'il convient de placer sur la toile plane. D'autres tableaux suivront, tels *Visions simultanées* et *Les Forces d'une rue*, peints tous deux en 1911.

Le tableau *La Rue entre dans la maison* invite le spectateur à participer au spectacle qui se déroule dans la rue, en fusionnant en quelque sorte avec le personnage féminin vu de dos qui se trouve sur le balcon. Les maisons s'inclinent, ressemblant à des cristaux aux multiples facettes. De nombreux détails et la scène du balcon elle-même apparaissent plusieurs fois dans la composition. Les objets sont imbriqués l'un dans l'autre et un petit cheval traverse le dos de la femme juste au-dessus de la balustrade. Les corps perdent leur matérialité et se fondent avec l'espace qui les entoure. Tous les éléments du tableau semblent imploser et se rassembler dans la tête de la femme. Elle est le centre des sensations et le creuset où s'unissent les multiples impressions éprouvées.

La Rue entre dans la maison, 1911
Huile sur toile, 100 x 100,6 cm
Hanovre, Sprengel Museum Hannover

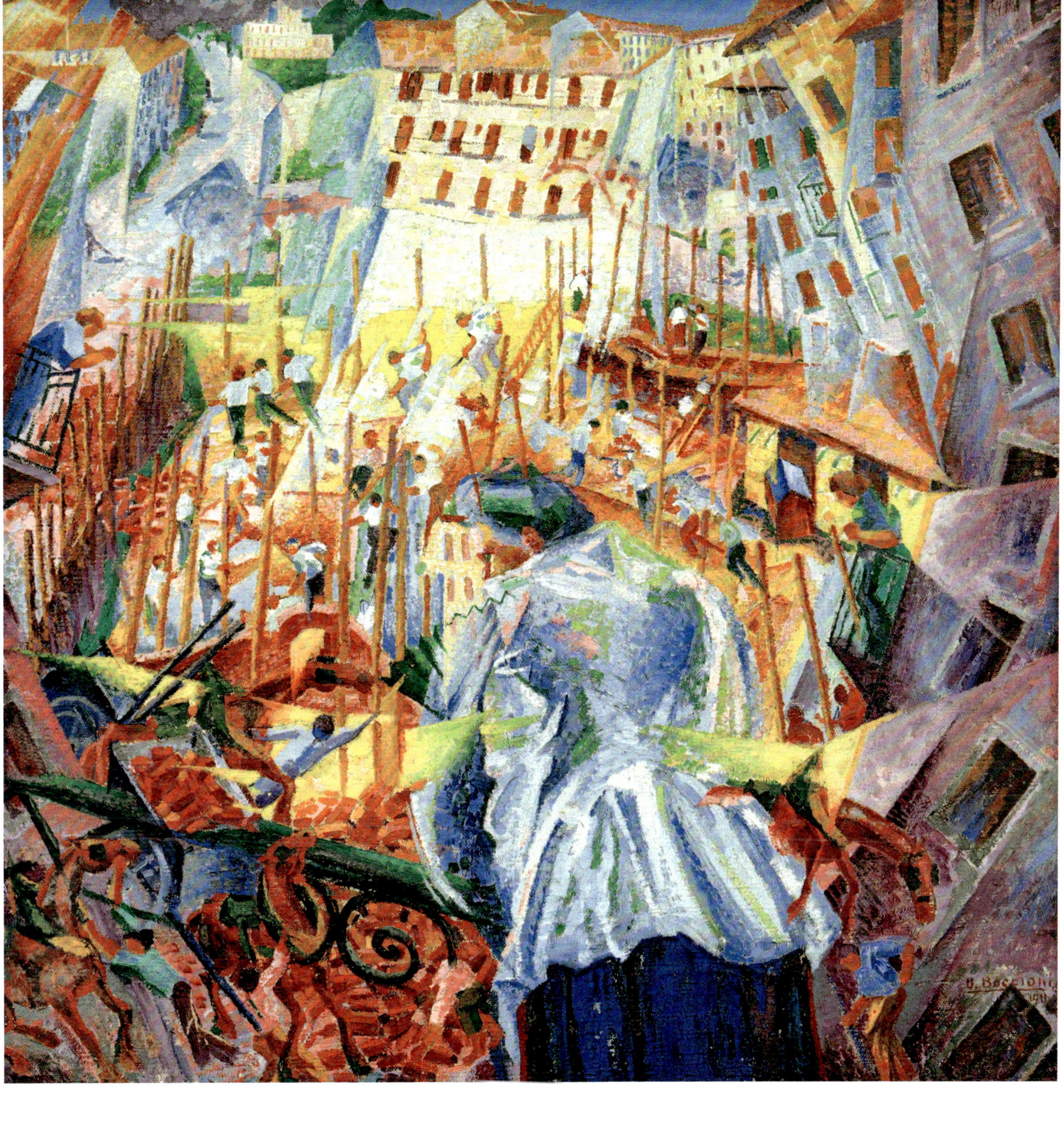

Umberto Boccioni
Dynamisme d'un footballeur, 1913

Dynamisme d'un footballeur, 1913
Huile sur toile, 193,2 x 201 cm
New York, The Museum of Modern Art, The Sidney and Harriet Janis Collection

Umberto Boccioni atteint le plus haut degré de l'abstraction avec *Dynamisme d'un footballeur (Dinamismo di un footballer)*. Dans cette condensation de forces, ce qui peut encore être interprété comme objectal ou figuratif reste purement spéculatif. L'artiste dispose librement des moyens plastiques que sont la couleur et la forme et leur octroie une autonomie illimitée. Il fait s'affronter des orientations centrifuges ou centripètes en concentrant au centre du tableau pratiquement carré une lourde constellation de formes étroitement imbriquées l'une dans l'autre, la fixant à ses bords à l'aide de vastes zones claires. Que ce soit dans le détail ou dans l'ensemble de la composition, Boccioni met à profit les tensions générées par les contrastes de couleurs ou de formes, obtenant ainsi un état dynamique pur. Avec *Dynamisme d'un footballeur*, il symbolise visuellement le modèle de mouvement universel qu'il ne cesse de réclamer sur le plan théorique.

Boccioni voit dans ce symbole la « forme originelle » recherchée, « la forme unique de la continuité dans l'espace ». Son œuvre théorique la plus vaste *Dynamisme plastique, peinture et sculpture futuristes* de 1914, a pour thème l'idée de forme originelle et précise sa démarche : « Le dynamisme est la conception lyrique des formes interprétées dans la manifestation infinie de leur relativité entre mouvement absolu et mouvement relatif, entre ambiance et objet, jusqu'à former l'apparition d'un tout : ambiance + objet. C'est la création d'une forme nouvelle, qui donne la relativité entre le poids et l'expansion. Entre le mouvement de rotation et le mouvement de révolution, en somme, la vie est comprise dans la forme que la vie crée dans son infinito succedersi. »

Boccioni définie une telle forme originelle dans *Dynamisme d'un footballeur*, et si subsiste l'indication d'un motif, c'est uniquement dans le titre : le footballeur.

Robert Delaunay
L'Équipe de Cardiff, 1913
Huile sur toile, 129,8 x 96,6 cm
Munich, Bayerische Staatsgemäldesammlungen, Pinakothek der Moderne

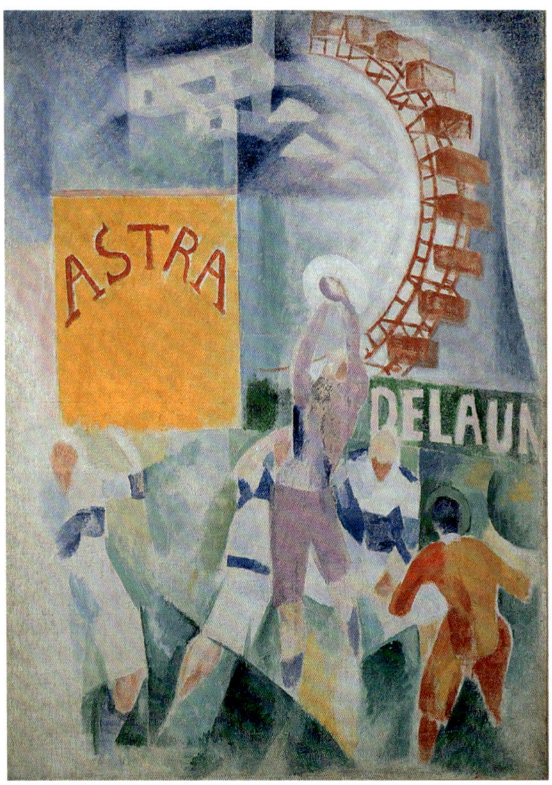

Robert Delaunay, le grand rival français de Boccioni dans le domaine de la simultanéité, présente son *Équipe de Cardiff* début 1913 à la galerie berlinoise Der Sturm où les futuristes exposent également leurs œuvres. On notera que le tableau à thème sportif n'est pas très répandu chez les peintres italiens, bien que le football ait une longue tradition dans leur pays. Le *calcio*, littéralement le « jeu au pied », est mentionné dès 1460 dans un poème anonyme, et le « Calcio Fiorentino » se déroule chaque année à Florence sur la Piazza di Santa Croce. Cette fête municipale rappelle aux Florentins un événement remontant à l'année 1530 : les jeunes jouaient à la balle dans la ville assiégée par les troupes de Charles Quint, démontrant ainsi non seulement leur inflexibilité, mais se raillant en outre de leurs adversaires bien plus puissants. Cet aspect provocateur évoque les paroles agressives et le souci d'autoreprésentation arrogante des futuristes italiens lorsqu'ils fondent leur mouvement au début du XXe siècle, mais il s'agit d'un élément indispensable de leur programme.

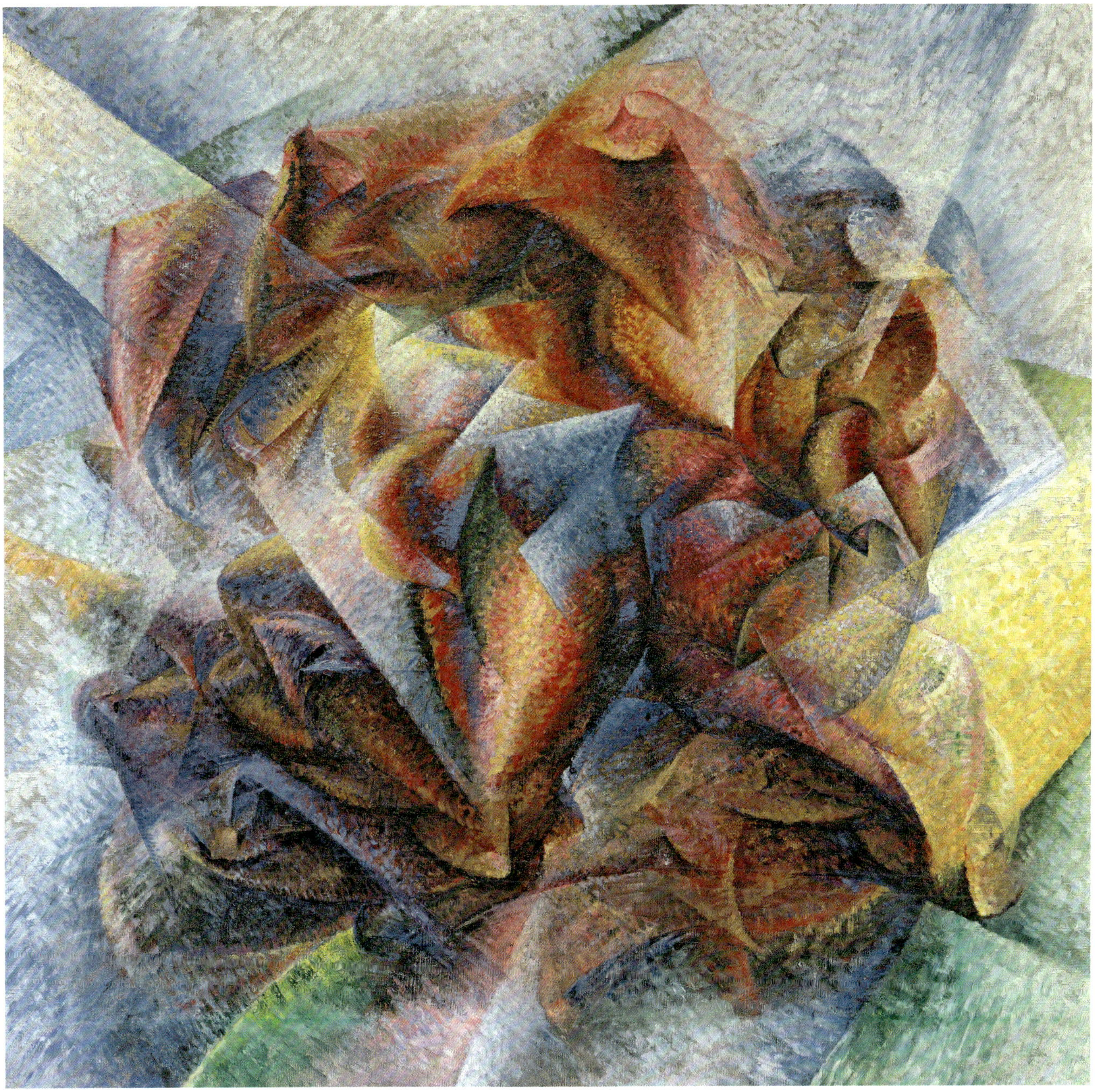

Umberto Boccioni

Formes uniques de la continuité dans l'espace, 1913

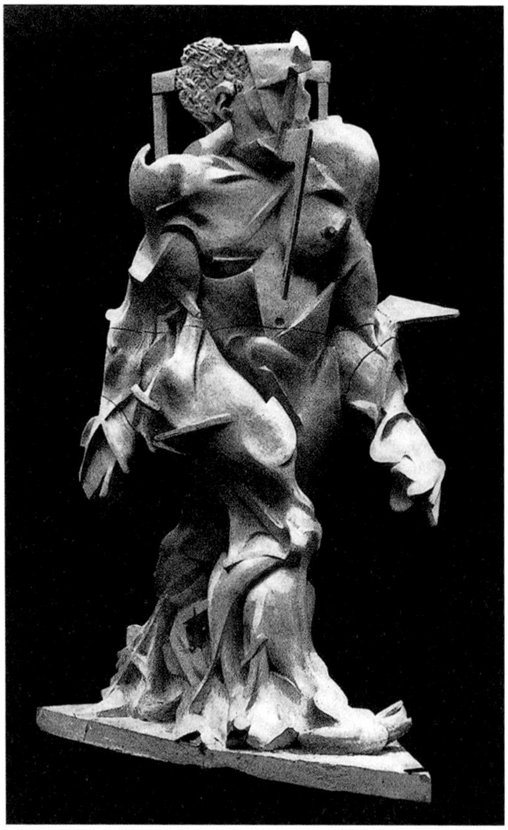

Synthèse du dynamisme humain, 1913
Plâtre, détruit

Deux ans durant, de l'été 1912 à fin 1914, Umberto Boccioni analyse intensément les possibilités de la sculpture. Resté quelque temps à Paris après l'inauguration de la première exposition futuriste de 1912, il rend visite au sculpteur impressionniste Medardo Rosso que les Italiens vénèrent et découvre dans son atelier des travaux d'Alexander Archipenko qui commence alors à travailler sur les formes concaves et la polychromie. L'objectif de Boccioni est de transférer le dynamisme universel et l'idée de simultanéité, fondements du futurisme, dans la troisième dimension. Dans le « Manifeste technique de la sculpture futuriste » daté du 11 avril 1912, mais qui a vu le jour plus tard, l'artiste rassemble, ce qui est courant dans le mouvement futuriste, ses connaissances théoriques dans le domaine de la sculpture. Il rejette catégoriquement les valeurs traditionnelles des monuments de bronze et des statues de nus et veut détruire les limites physiques entre la sculpture et l'ambiance. « Nous créerons évidemment une plastique de l'ambiance. »

Quatorze sculptures voient le jour. Nous ignorons encore l'époque exacte de leur création vu que la plupart n'ont pas été conservées et ne nous sont connues que par des photographies. Boccioni refuse de couler le bronze et travaille surtout avec du plâtre, un matériau beaucoup plus sensible aux dégradations. Il forme ainsi la massive demi-figure féminine de *Tête + maison + lumière* en plâtre. Boccioni peint aussi ses sculptures et y intègre des fragments authentiques du monde réel, ici un morceau de balustrade. Cette sculpture est la correspondance en trois dimensions du tableau *Matière* de 1912 à l'aide duquel l'artiste sonde surtout l'aspect de la simultanéité.

Formes uniques de la continuité dans l'espace (Forme uniche della continuità nello spazio), en revanche, nous montre un personnage en pied faisant un grand pas en avant. Dans cette sculpture, Boccioni déplace le centre d'attention sur les aspects du mouvement et de la vitalité. Il donne à la figure un mouvement en avant qui conquiert l'espace. Ce faisant, le corps doté de membres difficiles à définir exactement se déchire à maints endroits. La figure compacte explose et s'ouvre. Dans une interaction dynamique, les éléments plastiques empiètent sur l'espace, tout comme celui-ci pénètre dans la sculpture. En modelant l'ambiance – c'est ainsi que Boccioni nomme cette méthode –, l'artiste réussit à montrer aussi la pénétration dynamique des plans dans le domaine de la sculpture.

Formes uniques de la continuité dans l'espace fait partie d'une série de quatre sculptures auxquelles Boccioni travaille depuis fin 1912. Il étudie en quatre états différents les possibilités de pénétration de l'espace par une personne en marche. Dans *Synthèse du dynamisme humain (Sintesi del dinamismo umano)*, vraisemblablement le premier travail de cette série, la figure apparaît encore proche de l'état naturel malgré les effilochages qu'elle arbore. Boccioni rend le corps humain de plus en plus abstrait jusqu'à atteindre *Formes uniques de la continuité dans l'espace* dans lequel seules quelques rares indications nous laissent imaginer qu'il s'agit de la représentation d'un être humain. Celui-ci n'a plus de visage depuis longtemps, il est en train de subir une métamorphose à la fin de laquelle se dresse l'homme-machine du futurisme.

Formes uniques de la continuité dans l'espace, 1913 (fondu en 1931)
Bronze, 111,2 x 88,5 x 40 cm
New York, The Museum of Modern Art

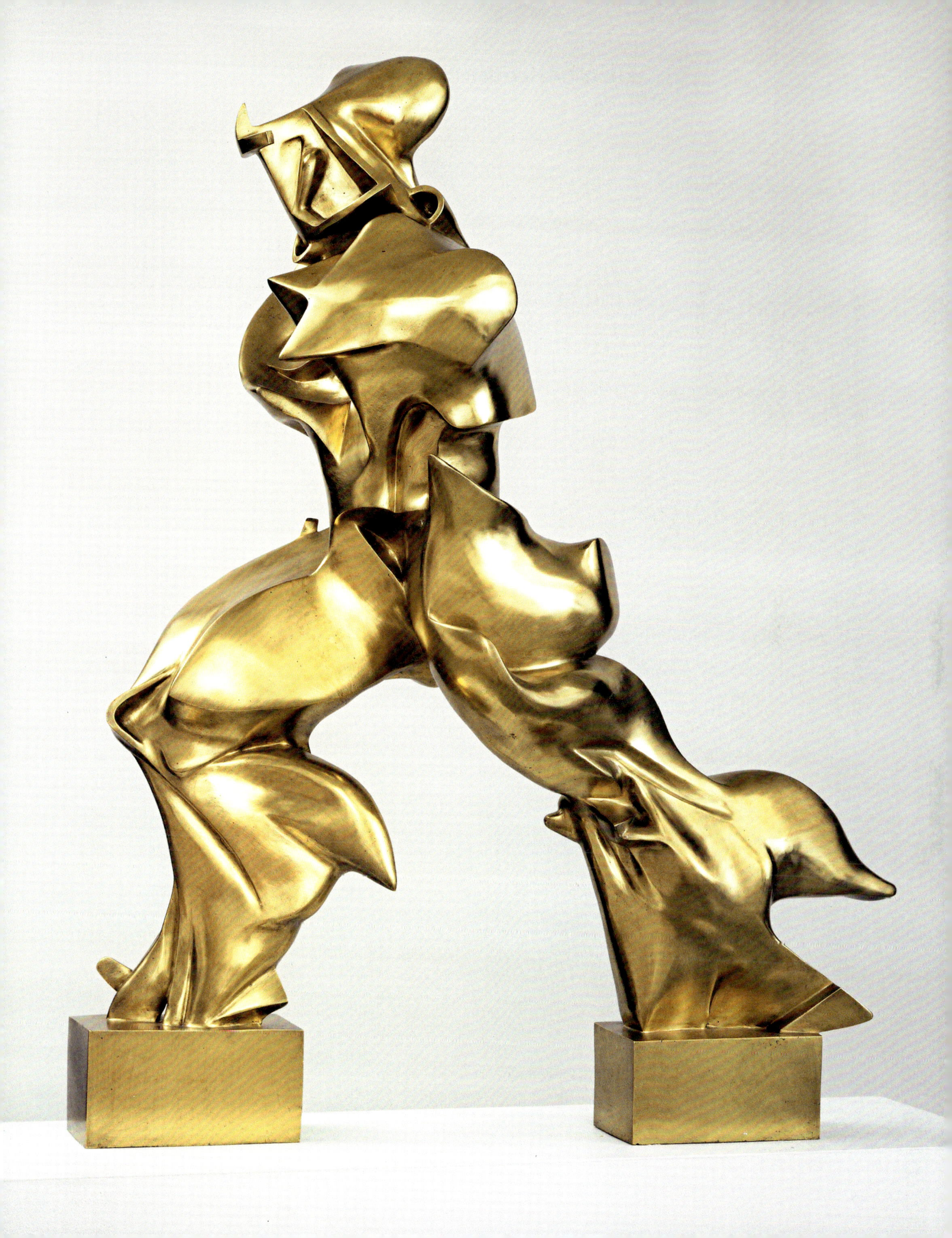

Anton Giulio Bragaglia

Main en mouvement, 1911

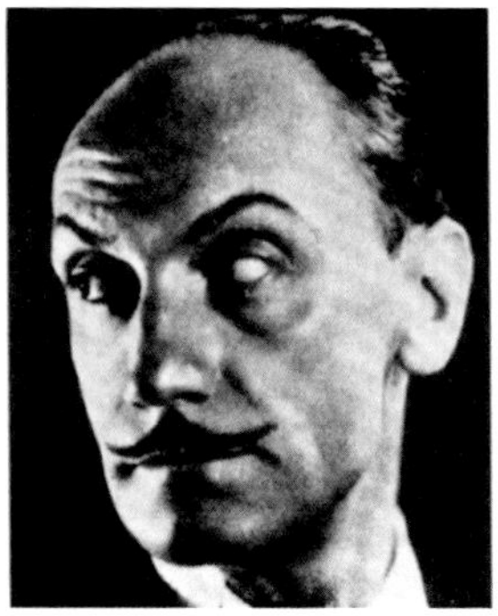

* 1890 à Frosinone
† 1960 à Rome

Depuis l'apparition de la technique permettant de reproduire l'image des objets au XIXe siècle, une controverse existe entre les artistes, les théoriciens d'art et les photographes, quant à savoir si la photographie est oui ou non un art à part entière. Le fait est qu'à ses débuts, le nouveau médium tente surtout d'imiter la peinture et, dans l'autre sens, quelques peintres se servent de photographies comme support mnémonique visuel ou comme source d'inspiration. À partir de 1900 cependant, les photographes s'efforcent d'atteindre l'autonomie artistique. Prônant le dynamisme universel, le futurisme offre un point de départ prometteur à qui veut obtenir des résultats esthétiques autonomes dans le domaine de la photographie. Bien que le médium soit également controversé au sein du noyau milanais – Umberto Boccioni le rejette, ne le trouvant pas artistique alors que Filippo Tomaso Marinetti soutient les expériences photographiques – les frères Anton Giulio et Arturo Bragaglia, des photographes amateurs, créent le photodynamisme au printemps 1911.

Familiers des manifestations théoriques des futuristes et s'inspirant vraisemblablement de la conférence de Boccioni du 29 mai au Circolo Artistico Internazionale de Rome, et au cours de laquelle le théoricien phare des arts plastiques parle de sa peinture dynamique, les deux frères réalisent leurs premiers travaux photodynamiques en 1911.

Les mouvements volontaires de l'être humain sont le point de départ de ces photographies. Dans *Main en mouvement (Mano in moto)*, Anton Giulio Bragaglia concentre son attention sur l'un des membres les plus agiles du corps humain, la main. Plusieurs lampes baignent le motif d'une lumière claire, ce qui tend à isoler le déroulement des gestes dans l'espace plutôt sombre. À l'aide d'une longue période d'exposition, le mouvement de la main est finalement fixé sur la pellicule comme une trace lumineuse.

La photographie de mouvement qui voit le jour à l'aide de ce procédé est le pôle opposé de la chronophotographie, des analyses de mouvement entreprises par le Français Étienne-Jules Marey à la fin du XIXe siècle, et aussi des photographies de Jacques-Henri Lartigue qui gèle les mouvements vers 1910 et semble ainsi abolir la force de gravité dans ses travaux. Dans *Main en mouvement*, en revanche, le corps du personnage agissant se dissout presque, ce qui suggère l'aspect énergétique de l'action. Les frères Bragaglia veulent restituer « l'élan vital par la continuité du flou, la fugacité, l'ombre du geste, la trace dynamique » et voient dans leurs travaux la correspondance photographique à l'essence de la compréhension futuriste de la réalité. Ils réussissent ainsi à introduire la photographie comme un médium indépendant et productif dans le domaine des arts.

Anton Giulio Bragaglia présente sa théorie d'un photodynamisme dans son traité *La fotodinamica* en 1910. L'année suivante, il élargit ses réflexions et publie un volume d'essais *Fotodinamismo*. En 1912, il présente à Rome une vaste exposition de ses œuvres photodynamiques. Le fait que leur photographie ne soit pas encore reconnue officiellement comme art par les futuristes à cette époque n'empêche pas les frères Bragaglia de continuer à faire des expériences dans le domaine du photodynamisme. Préparée par un autoportrait comme *Personne sur un escalier*, toute une série de portraits polyphysionomiques voit le jour en 1912/13. Vers 1913, les frères commencent à agencer la gestuelle dans des voies prédéterminées et à contrôler l'action jusque-là spontanée. Ils élaborent aussi la « technique sandwich » en juxtaposant plusieurs négatifs.

Main en mouvement, 1911
Photographie, 13 x 18 cm
Rome, Collection Antonella Vigliani, Centro Studi Bragaglia

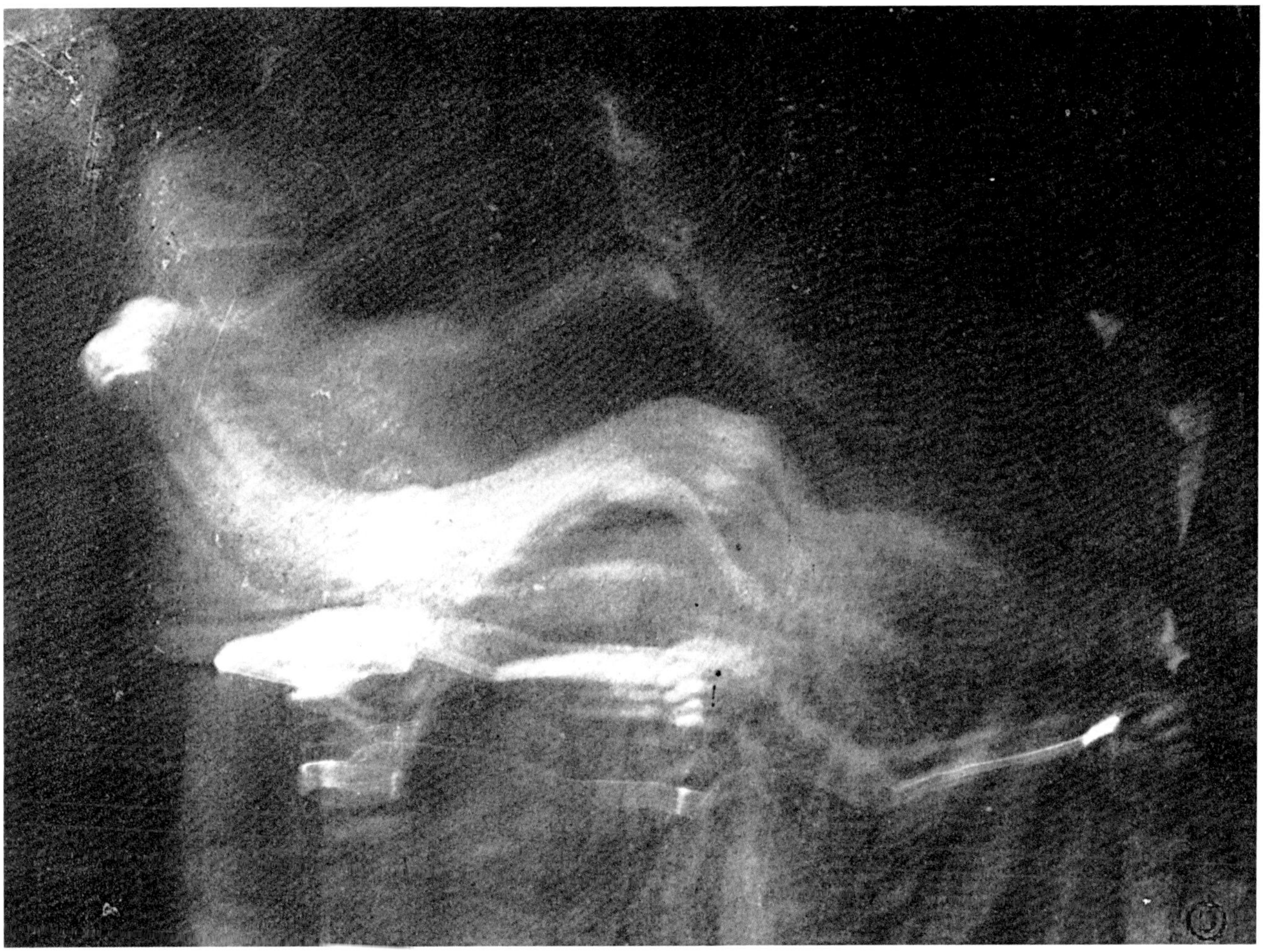

Carlo Carrà
Funérailles de l'anarchiste Galli, 1911

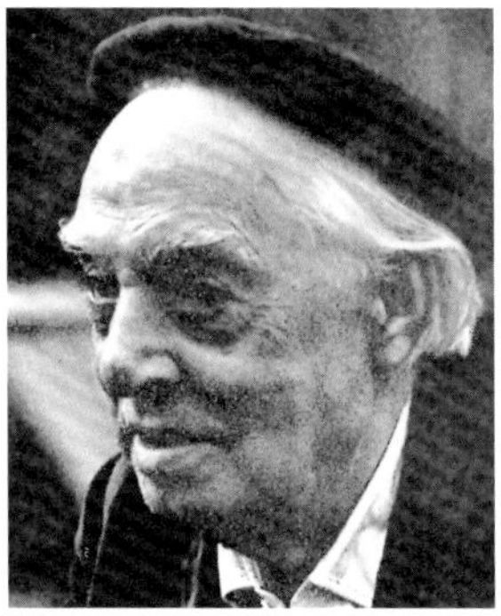

* 1881 à Quargnento
† 1966 à Milan

« L'art du passé est une grande absurdité qui repose sur des principes moraux, religieux et politiques. L'art ne naît réellement qu'avec l'art futuriste. »
— CARLO CARRÀ

L'anarchiste Angelo Galli avait été tué pendant des tumultes à la suite d'une grève générale à Milan en 1904. Dans son autobiographie, Carlo Carrà décrit le contexte dans lequel son tableau a vu le jour : « Je vis devant moi le cercueil complètement recouvert d'œillets rouges et qui oscillait dangereusement sur les épaules des porteurs, je vis les chevaux s'emballer, les bâtons et les lances se croiser, si bien qu'il me semblait que le cercueil finirait par tomber sur le sol et que les chevaux le piétineraient. À peine étais-je rentré chez moi que je réalisai sous l'effet de cette forte impression un dessin de l'événement. Ce dessin et d'autres réalisés ultérieurement formèrent plus tard le point de départ du tableau *Funérailles de l'anarchiste Galli*. Et c'était justement le souvenir de cette scène dramatique qui m'avait suggéré la phrase suivante pour le "Manifeste technique des peintres futuristes" : Le spectateur est placé au centre du tableau. »

Au tournant du siècle, l'Italie traverse une période difficile à cause des effets de l'industrialisation. L'aristocratie et la grande bourgeoisie se cramponnent à des structures de pouvoir dépassées alors que les masses prolétaires de plus en plus puissantes évoluent pour former un mouvement populaire qui lutte pour la justice sociale. Sur cet arrière-plan politique, on assiste sans cesse à des confrontations sanglantes à Milan justement, où les travailleurs s'étaient bien organisés. La crise connaît un premier sommet en 1898.

Carrà a 14 ans lorsqu'il s'installe à Milan, travaillant d'abord comme décorateur et vivant de manière très modeste. Il sera confronté ici à la violence des soulèvements ouvriers ; de passage à Londres en 1900, il rencontre des anarchistes italiens qui se sont enfuis en Grande-Bretagne après les grands troubles de 1898, et il commence à étudier les ouvrages de Karl Marx. De larges périodes de sa vie sont conditionnées par sa vigilance à l'égard de la politique et de l'action artistique. Ces raisons expliquent pourquoi les conceptions picturales de Carrà s'avèrent plus marquées par des aspects sociopolitiques que celles de la plupart de ses compagnons futuristes.

Sur le plan formel, *Funérailles de l'anarchiste Galli (Il funerale dell'anarchico Galli)* présente un langage pictural caractéristique du futurisme : d'innombrables personnages apparaissent imbriqués l'un dans l'autre en une action unique vigoureuse dans laquelle leurs corps agissent dynamiquement. Des silhouettes humaines ou des détails du paysage urbain qui ressemble à une grille dans le bord supérieur du tableau ne se détachent qu'isolément du réseau de lignes, de traits et de formes dynamiques. Un arc aux tons de brun, de rouge et de jaune et un bleu qui le fait ressortir augmentent la tension picturale. Les rayons du soleil dans le ciel créent en outre des contrastes de clair-obscur saisissants.

Ce qui est essentiel ici, ce n'est pas le potentiel énorme de violence et de puissance sur lequel est basée la composition mais l'aspect du souvenir : réalisé sept ans après les événements politiques réels, le tableau a donc été peint d'après des souvenirs visuels et aussi affectifs. Carrà applique ainsi la théorie artistique futuriste qui a adopté le concept de la simultanéité vue « comme espace psychologique où convergent vision, connaissance et mémoire » (Bergson). Il a créé ici un tableau historique moderne qui n'a pas besoin de modèle littéraire et se passe aisément d'exactitude historique.

Funérailles de l'anarchiste Galli, 1911
Huile sur toile, 198,7 x 259,1 cm
New York, The Museum of Modern Art

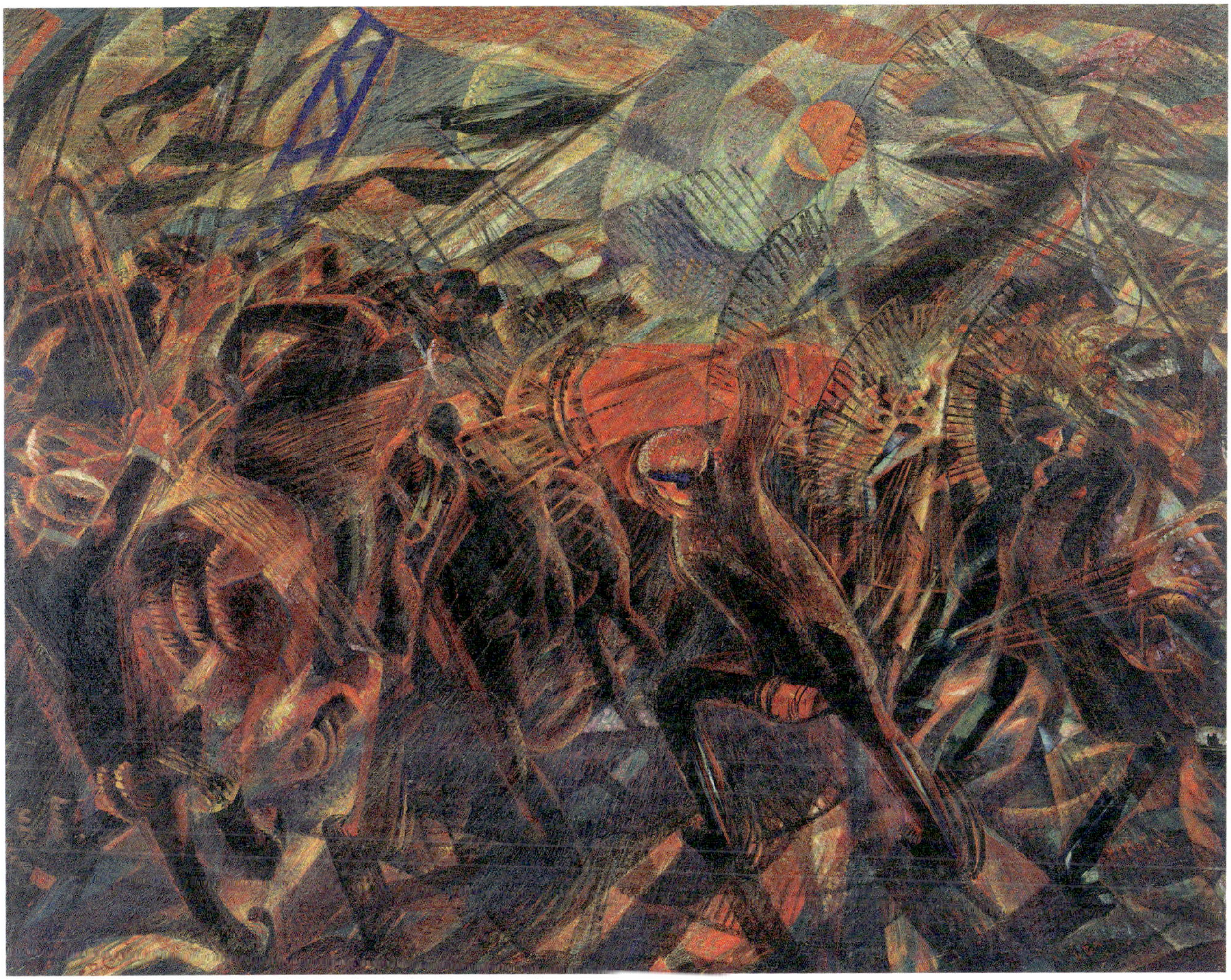

Carlo Carrà
Rythmes d'objets, 1911

Rythmes d'objets, 1911
Huile sur toile, 53 x 67 cm
Milan, Pinacoteca di Brera

Carlo Carrà signe le premier manifeste des peintres futuristes en 1910 et se trouve ainsi au cœur du groupe milanais rassemblé autour de Filippo Tommaso Marinetti. Comme les autres membres du mouvement, il est animé par la croyance en un univers en mouvement, et convaincu que la réalité se construit à partir de la dynamique de la décomposition, de la pénétration et de la simultanéité – les paramètres du futurisme.

Au-delà de ces considérations, son œuvre présente une particularité que l'on ne trouve pas empreinte d'une telle intensité chez les autres peintres futuristes : la confrontation du peintre avec le phénomène de la tridimensionnalité dans le tableau. Il s'intéresse beaucoup plus à la fusion des éléments plastiques avec leur environnement qu'à la description d'un objet, disons une automobile, ou d'un personnage en mouvement, par exemple.

Rythmes d'objets (Ritmi di oggetti) a été peint au début de la phase futuriste de Carrà et fait partie des tableaux témoignant clairement de l'influence qu'exerce sur lui le cubisme français qui ne partage pas le refus radical du mouvement attaché traditionnellement à l'objet tel que Boccioni le défend. Le jeune artiste séjourne une première fois un long moment à Paris en 1899/1900 à l'occasion de l'Exposition universelle. En automne 1911, il entreprend un second voyage dans la métropole culturelle et y fait la connaissance de Picasso, Braque, Gleizes, Léger et bien d'autres artistes de la jeune avant-garde française. À l'instar des cubistes, le peintre italien étudie les conceptions picturales de Paul Cézanne (1839–1906). Le vieux maître de l'art moderne a démontré un jour en croisant les doigts la manière dont opère sa structure picturale. Carrà adopte lui aussi cette imbrication des moyens formels.

Pablo Picasso
Jeune fille à la mandoline (Fanny Tellier), printemps 1910
Huile sur toile, 100,3 x 73,6 cm
New York, The Museum of Modern Art, legs Nelson A. Rockefeller

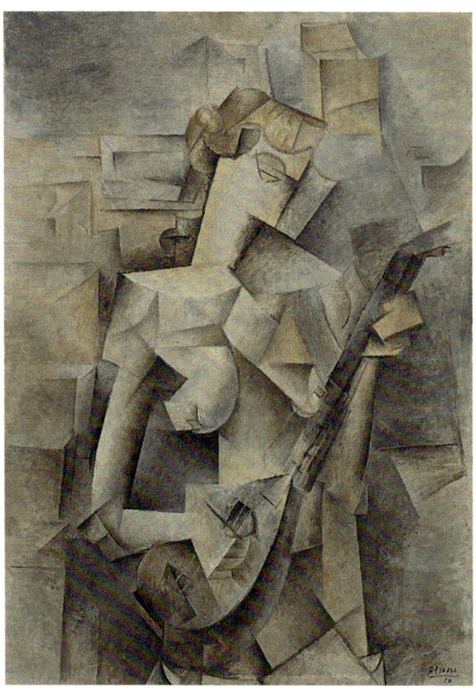

La syntaxe picturale de *Rythmes d'objets* montre nettement la pénétration architecturale des éléments plastiques les uns dans les autres. Carrà réduit à la manière cubiste la palette à quelques tons neutres, uniquement cassés par le contraste chromatique bleu/rouge. Des zones de couleur créent des passages entre les différentes formes qui sont de leur côté partiellement cernées de noir. Une nature morte a servi de modèle à la composition : si on distingue encore quelques reliquats de l'objet dans ce conglomérat, le motif est difficile à reconstruire. L'apparition soudaine d'un grand 2 rouge en haut à gauche fait entrer une technique issue des papiers collés dans la peinture de Carrà.

Malgré des emprunts formels au cubisme, Carrà est tout à fait futuriste. En effet, contrairement aux cubistes qui centrent le plus souvent leurs compositions, il laisse les éléments picturaux couler au-delà des bords du tableau en une sorte d'*all-over* avant l'heure. D'autre part, si la structure picturale des tableaux de Pablo Picasso et de Georges Braque n'est souvent agencée qu'à l'aide d'horizontales, de verticales et d'obliques, Carrà l'enrichit à l'aide de segments d'arcs orientés de diverses façons. Ce sont surtout ces arrondis, ces tourbillons, ces cylindres et ces cônes qui génèrent dans ses toiles cette dissolution rythmique et dynamique des objets. Si les cubistes veulent montrer un objet statique offrant plusieurs angles de vision en même temps, Carrà et ses homologues futuristes cherchent à visualiser le mouvement relatif de l'objet et son mouvement potentiel. L'espace n'existe pas chez les futuristes, il n'y a que des masses qui s'interpénètrent.

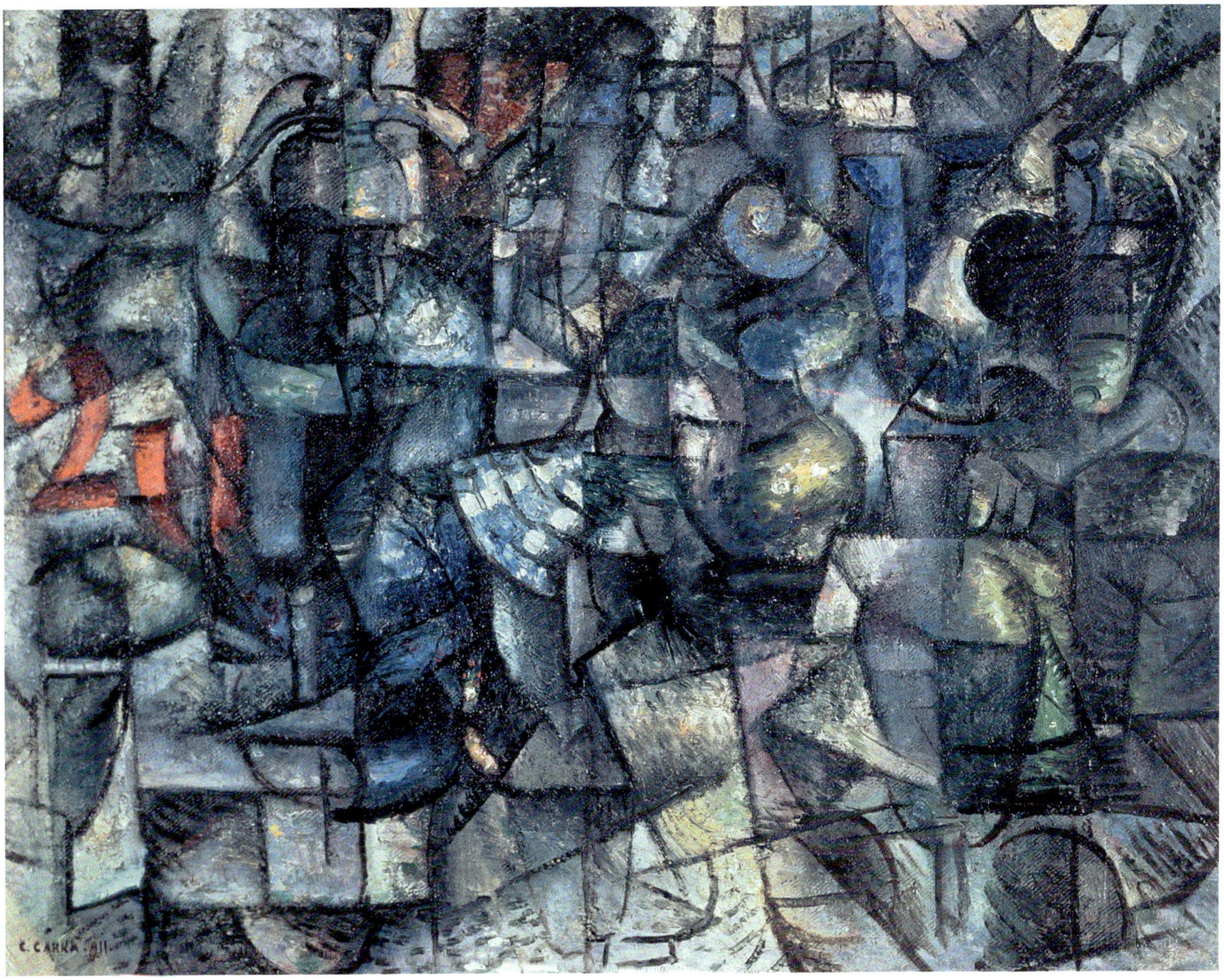

Carlo Carrà
Manifestation interventionniste, 1914

« Le futurisme, la rébellion de la vie de l'intuition et du sentiment, printemps enthousiasmant et impétueux, déclare une guerre inexorable aux doctrines, aux individus, aux œuvres qui répètent, prolongent ou exaltent le passé au dépens du futur. »
— FRANCESCO BALILLA PRATELLA

Le 1er août 1914, la revue *Lacerba* publie le collage *Manifestation interventionniste (Manifestazione interventista)* sous le titre *Fête patriotique (Festa patriottica-dipinto parolibero).* Cette année-là, Carlo Carrà s'intéresse vivement aux possibilités qu'offre la technique lancée à Paris par les cubistes Picasso et Braque, et réussit à créer avec *Manifestation interventionniste* une version autonome du collage dans laquelle il renonce complètement aux indications figuratives. « J'ai supprimé, dira l'artiste, toute représentation de figures humaines pour rendre l'abstraction plastique du tumulte urbain. »

De nombreux fragments de journal, des étiquettes, des billets et autres morceaux de papier écrits sont agencés ici en une composition circulaire, dont les forces coulent vers un centre tout en rayonnant au-delà des bords du tableau. Dans la structure abstraite d'un disque en rotation, que Carrà devait connaître depuis que le peintre français Robert Delaunay avait réalisé *Disques* et *Formes circulaires* en 1912, le futuriste crée une correspondance dynamique aux événements turbulents que connaît l'Italie en 1914. Le spectateur est confronté à la réalité présentée comme un fragment authentique et un caléidoscope de langues : Rumori, strada, sports, Tot, noi siamo la PRIMA, et au centre de l'agitation le mot ITALIA.

À cette époque, juste avant la Première Guerre mondiale, les neutralistes et les interventionnistes s'affrontent en Italie et l'ambiance est surchauffée. Avec sa *Manifestation interventionniste*, Carra mêle sa voix aux accents bellicistes du chœur futuriste qui demande l'entrée en guerre de l'Italie – ses vœux seront d'ailleurs exaucés en mai 1915. Le collage devient ici un outil de propagande. Il marie une langue agitatrice, celle que les futuristes utilisent habituellement dans leurs manifestes et au cours des soirées futuristes, et une esthétique formelle, ce qui confère au tableau une grande poésie visuelle.

Les « parole in libertà » et les « tavole parolibere » de Filippo Tommaso Marinetti ont créé les conditions nécessaires à l'avènement des collages de mots/image de Carrà. L'écrivain avait fait exploser les structures rigides de la phrase, banni les adverbes et les adjectifs, créé un style télégraphique, introduit des signes mathématiques dans les textes, réalisé des montages linguistiques onomatopéiques et proclamé la liberté de la typographie. Dans son tableau à lire et à regarder, Carrà se réfère concrètement à ces références : sur une étroite bande de papier, dirigée vers le coin supérieur gauche, on peut lire les onomatopées « Zang (Tu)mb Tuum » qui font allusion au roman de Marinetti *Zang Toumb Toumb* paru en 1914. Dans cet ouvrage, l'auteur rapporte ce qu'il a vécu durant le siège d'Andrinople en usant d'une langue radicalement libérée sur le plan sémantique et typographique. Le livre devient une expérience visuelle marquée de violence, d'agressivité et de dynamique.

Dans son œuvre *Manifestation interventionniste*, Carrà combine des fragments de réalité, des « mots libérés » et la forme artistique du tableau pour créer une synthèse unique. Les cubistes ne connaissent pas cette interprétation du collage. Les dadaïstes seront les premiers à reprendre cette forme de collage de mots et à la modifier selon leurs idées. Carrà poursuit ses expériences avec le collage dans le contexte de l'agitation militaire en Italie : en 1914, il réalise *Persécution* et en 1915 paraît à Milan *Guerrapittura*, un livre dans lequel Carrà note ses expériences à la guerre en « mots libérés » avec des dessins et des éléments de collage.

Manifestation interventionniste, 1914
Collage sur carton, 38,5 x 30 cm
Venise, Collezione Gianni Mattioli, Peggy Guggenheim Collection – The Solomon R. Guggenheim Foundation, New York

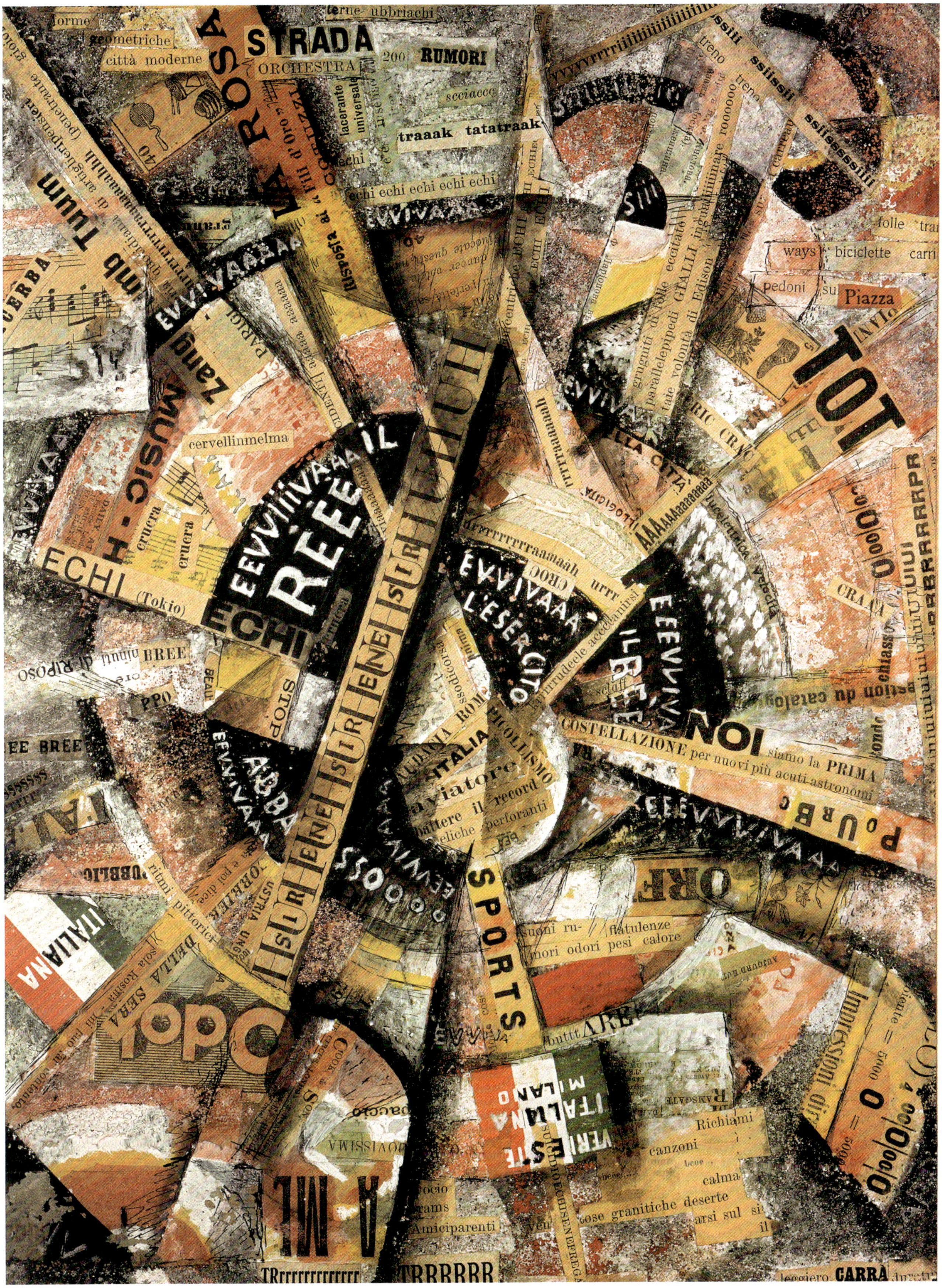
forme
geometriche
città moderne
LA ROSA
STRADA
ORCHESTRA
RUMORI
traaak tatatraak
echi echi echi echi echi
EVVIVAAAA
ECHI
(Tokio)
cervellinmelma
EEVVIIIVAAA IL RÉÉÉ
EVVIVAAA L'ESERCITO
ABBASSO
COSTELLAZIONE per nuovi più acuti astronomi
siamo la PRIMA
NOI
aviatore
battere il record
SPORTS
ITALIANA
MILANO
suoni ru-
flatulenze
mori odori pesi calore
Richiami
canzoni
calma
cose granitiche deserte
Amiciparenti
TRrrrrrrrrrrrrr
TRBBBBB
TOT
ways
biciclette
pedoni
Piazza
folle
impressioni
leggiero
CARRÀ

Tullio Crali

Bataille aérienne I, 1936–1938

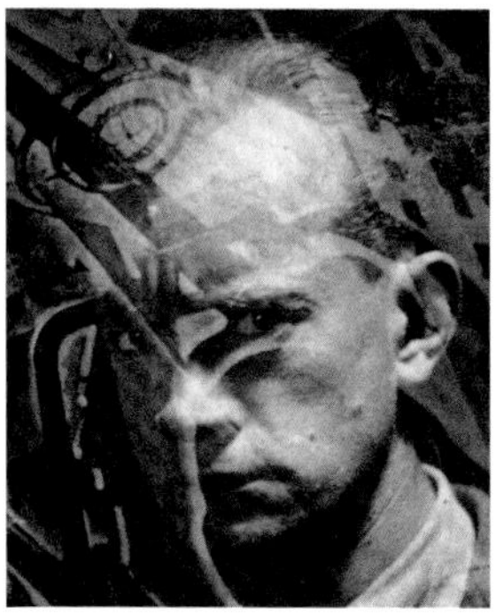

* 1910 à Igalo
† 2000 à Gênes

Tullio Crali est l'un des chefs de file de l'aéropeinture. Conçu comme esthétique du vol et de la vie aérienne, ce genre a marqué de manière capitale le visage du second futurisme au cours des années 1930. Autodidacte, Crali commence à peindre en 1925 en étudiant les œuvres de Giacomo Balla, Umberto Boccioni et Enrico Prampolini. Trois ans plus tard, après son baptême de l'air, le thème du vol devient le centre de son intérêt artistique. Son adhésion au groupe des futuristes en 1929 le conforte dans l'orientation de sa peinture. S'inspirant des idées picturales du second futurisme, fixées en 1915 dans le manifeste « La reconstruction futuriste de l'univers », Crali compose une première série de peintures « aériennes » présentant une dynamique géométrique sinueuse. Ici l'artiste observe de l'extérieur la machine dont l'hélice fait tourbillonner les masses d'air.

Crali fait la connaissance de Filippo Tommaso Marinetti au moment où celui-ci publie son « Manifesto dell'aeropittura futurista » (Manifeste de l'aéropeinture futuriste) en 1931. Marinetti y défend une peinture qui étudie les perspectives changeantes du vol. Les peintres doivent eux-mêmes faire l'expérience de la vitesse de l'avion. Pour l'artiste qui contemple la terre à bord de l'avion, selon Marinetti, le paysage se montrerait « aplati, artificiel, provisoire, tout juste tombé du ciel » et « étroitement concentré, disséminé et désintégré, propre, grandiose ».

Certains de ces adjectifs sont aussi valables pour décrire le tableau *Bataille aérienne I (Battaglia aerea I)*. Crali réussit rapidement à passer de l'aéropeinture des débuts, qui tend à l'abstraction, à une compréhension naturaliste du thème. Ainsi que Marinetti l'a demandé, le peintre est maintenant à bord de l'appareil et synthétise sur la toile ce qu'il voit et ce qu'il ressent dans son corps. Dès lors, il montre dans de nombreux tableaux la fusion de l'homme et de la machine, traduit la vitesse énorme et l'expérience de la liberté dans l'espace.

Dans *Bataille aérienne I*, Crali accompagne un pilote qui effectue un vol en piqué. Au-dessus du cockpit se déploie un paysage urbain que la vitesse a transformé en tourbillon qui emporte tout sur son passage. La dynamique en rotation repousse aux bords du tableau les bâtiments aux formes réduites à leurs pures formes géométriques et qui sont vus selon diverses perspectives. Un plan d'eau miroitant exerce une attirance magique et aspire le regard en profondeur.

À la fin des années 1930, alors que Crali est en train de peindre ce tableau, l'Italie se prépare à la guerre. En 1936, elle a participé à la guerre civile espagnole et combattu aux côtés de Franco; en 1940, elle déclarera finalement la guerre à la France et à la Grande-Bretagne. Durant cette période, l'aéropeinture de Crali traite des interventions des forces aériennes italiennes. La glorification de ces opérations est caractéristique des peintres futuristes. Comme ils l'ont fait durant la Première Guerre mondiale les artistes subliment – en harmonie avec le régime fasciste – les atrocités de la guerre.

L'esthétique très particulière, entre naturalisme et idéalisme visant à l'abstraction, transforme la réception d'un tableau comme *Bataille aérienne I* en un acte d'équilibrisme pour les contemporains. La sublimation et la propagande s'y conjuguent en effet de manière peu glorieuse.

Des œuvres comme celle du réaliste Franz Radziwill (1895–1983) sont l'autre pôle du monde futuriste héroïque et invincible. Si le motif de l'avion est également une constante chez le peintre allemand, ses œuvres de la fin des années 1930 et du début des années 1940 montrent vraiment l'enfer de la guerre. Les avions de chasse américains qui survolent des paysages marqués par les bombes, les combats et la mort sont ici des objets qui apportent le malheur et complètent l'atmosphère apocalyptique des tableaux de Radziwill.

Bataille aérienne I, 1936–1938
Huile sur toile, 110 x 100 cm
Collection particulière

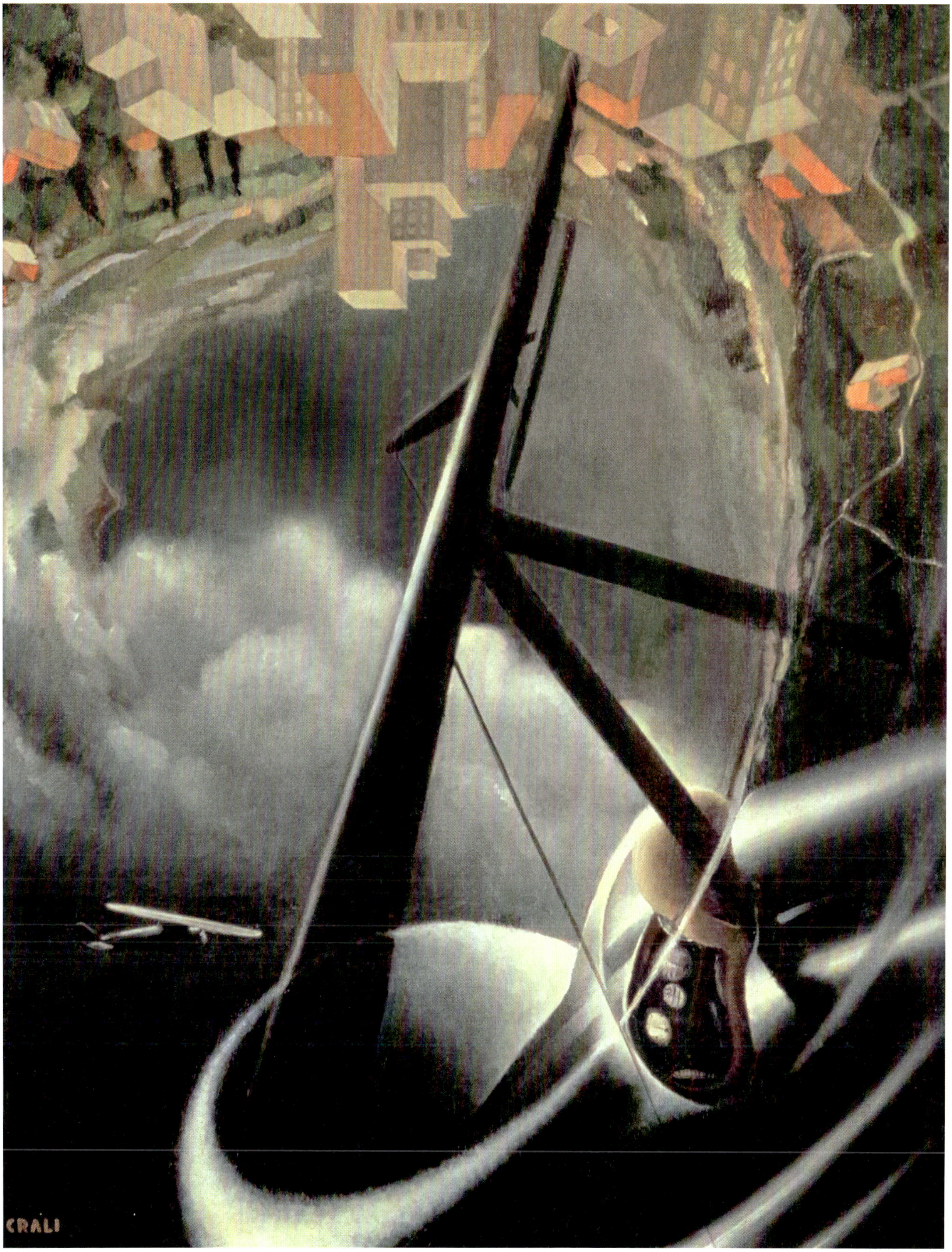
CRALI

Fortunato Depero
Mouvement d'oiseau, 1916

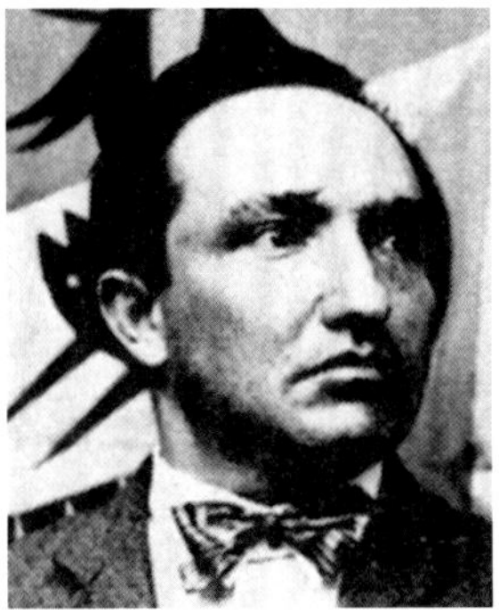

* 1892 à Fondo
† 1960 à Rovereto

Fortunato Depero sera pendant de nombreuses années le moteur de la seconde vague du futurisme qui commence à s'imposer à partir de 1915/16. En 1915, il rédige en collaboration avec Giacomo Balla le manifeste « La reconstruction futuriste de l'univers » qui pose les prémisses théoriques de la réanimation du futurisme après la Première Guerre mondiale. La philosophie futuriste doit maintenant pénétrer définitivement tous les domaines de l'art mais aussi de la vie quotidienne. Après s'être fixé cet objectif, Depero devient un véritable homme-orchestre : il est peintre, designer, sculpteur, graphiste, illustrateur, architecte d'intérieur, scénographe, céramiste et écrivain. Dès 1927, à 35 ans, l'artiste publie sous le titre *Depero Futurista* une vue d'ensemble de son œuvre de 1913 à 1927, littérature incluse. Il s'agit d'un album en format à l'italienne à la « reliure dynamo », avec des boulons pour maintenir la couverture et les pages, ce qui lui vaut d'être connu sous le nom de « livre boulonné » (libro bullonato). L'ouvrage publié aux éditions Dinamo-Azari de Milan est considéré comme le premier livre-objet.

Le tableau *Mouvement d'oiseau (Movimento d'uccello)* voit le jour un an après la parution du premier manifeste du second futurisme et documente de manière claire et nette la nouvelle approche esthétique. Une grande forme presque circulaire s'étale, un peu décalée par rapport à l'axe médian, sur un arrière-plan monochrome. De vastes segments déployés en éventail s'imbriquent l'un dans l'autre dans un contexte indéfini sur le plan spatial. Des unités géométriques plus fines, issues du centre, se répartissent en se détachant fortement du disque. Un triple coloris rouge-bleu-jaune domine la constellation formelle abstraite. Les couleurs noir et blanc accentuent la puissante valeur colorée et le petit mélange de tons éclaircis anime la sévérité du passage coloré en trois parties.

Le motif originel, le vol de l'oiseau, a été comprimé pour devenir une métaphore abstraite du mouvement. En 1913, dans un de ses tableaux, le compagnon de route de Depero, Giacomo Balla, avait segmenté le vol d'un oiseau pour suggérer le mouvement, une analyse caractéristique des débuts du futurisme. Depero, en revanche, synthétise des éléments formels plastiques pour générer une idée beaucoup plus complexe du mouvement. En effet, même si la courbe de la forme circulaire évoque un léger mouvement de rotation, la dynamique de la composition reste plutôt lourde.

L'objectif de Depero est de surmonter la simple suggestion de mouvement pratiquée par les futuristes au départ ou de l'élaborer. Dans le manifeste « La reconstruction futuriste de l'univers », on peut lire : « Nous donnerons un squelette et une chair à l'invisible, à l'impalpable, à l'impondérable, à l'imperceptible. Nous trouverons des équivalents abstraits pour toutes les formes et pour tous les éléments de l'univers, puis nous les combinerons ensemble, selon les caprices de notre inspiration, et nous en formerons des complexes plastiques auxquels nous communiquerons le mouvement. » Ils peuvent apparaître décomposés sous forme de cônes, de pyramides ou de sphères. Les artistes exigent une autonomie plastique qui englobe tous les aspects de la réalité. *Mouvement d'oiseau* montre à quoi peut ressembler une telle construction qui est autonome tout en se référant à la réalité. Au cours des années suivantes, Depero ne travaillera pas seulement à une forme de tableau résolument abstraite, car parallèlement aux tableaux non figuratifs il crée aussi de nombreuses représentations narratives montrant des créatures déshumanisées, des mécanoïdes, se mouvoir dans des scènes évoquant les décors de théâtre.

Au début des années 1920, Depero fait son entrée dans le monde de la publicité. Il modifiera le langage pictural peu nuancé qu'il utilise dans *Mouvement d'oiseau* et créera des affiches enjouées aux couleurs éclatantes pour Campari et San Pellegrino par exemple.

Mouvement d'oiseau, 1916
Huile, détrempe, glacis sur toile,
100 x 135 cm
Rovereto, Museo di Arte Moderna e Contemporanea di Trento e Rovereto

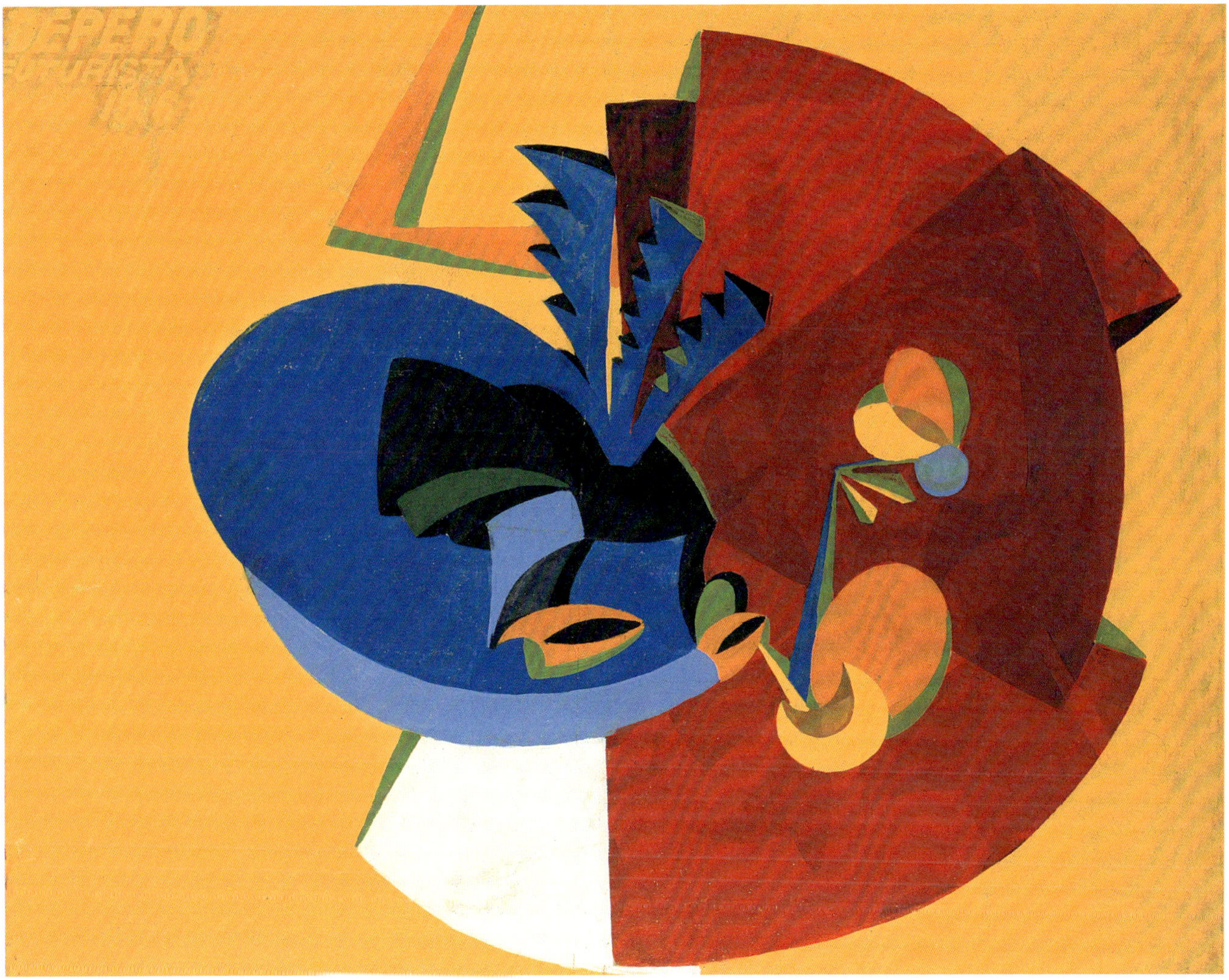
EPERO
FUTURISTA

Fortunato Depero

Construction d'une fillette, 1917

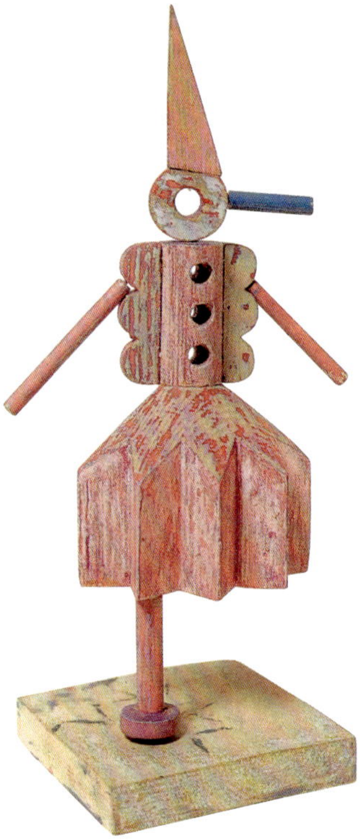

Modèle de Pinocchietto, 1917
Bois peint, 38 x 13 x 13 cm
Collection particulière

Le petit bois sculpté *Construction d'une fillette (Costruzione di bambina)* doit être vu dans le contexte des décors de ballet et de théâtre qui intéressent énormément Fortunato Depero de 1916 à 1918. Il s'agit de la traduction plastique d'un être mécanique que l'on observe dans de nombreux tableaux et scénographies de l'artiste.

Depero assemble différents éléments en bois – des disques, des carrés, des cylindres, un triangle et des colonnes contournées – pour créer une figure abstraite. Les couleurs rouge, bleu et jaune forment une tonalité puissante qui prête à la sculpture une expression vive et gaie. La fillette en jupe bleue et rouge se dresse sur une seule jambe. Depero utilise souvent cette position dans ses travaux pour indiquer un mouvement tournant. Cet aspect de la rotation est soutenu sur le plan métaphorique par les deux colonnes vissées dans la construction. Le dynamisme et le mouvement sont ainsi implicitement intégrés dans la sculpture.

Ils ne sont toutefois présents que comme des valeurs abstraites, codées. Umberto Boccioni, qui sculptait déjà beaucoup vers 1912/13, avait rompu la forme en l'effrangeant. Il visualisait de cette façon l'interpénétration de la matière et de l'espace qui l'entoure et prenait pour sujet le mouvement continuel des formes. En donnant cette impression de fuite, de désintégration, Boccioni suggérait aussi le mouvement dans la troisième dimension réelle. Lorsqu'il contemple le travail de Depero, le spectateur doit en revanche déchiffrer son contenu dynamique : une jambe + des colonnes contournées = rotation.

Bien que Depero, représentant du second futurisme, et Boccioni, qui fut l'un des phares du premier futurisme, aient tenté d'atteindre un objectif semblable, les moyens formels qu'ils utilisent sont incomparables entre eux. Le *Construction d'une fillette* de Depero semble sorti tout droit des mains d'un enfant jouant avec son jeu de construction. La lourdeur conceptuelle qui sous-tend les travaux de Boccioni et les sculptures des cubistes français lui fait donc défaut. C'est décidément la légèreté ludique qui importe pour Depero. Dans son manifeste « La reconstruction futuriste de l'univers », rédigé en 1915 avec Giacomo Balla, il propage d'ailleurs un jouet futuriste qui donnerait aux enfants la possibilité de s'épanouir sans entraves – dans le cadre de l'idéologie futuriste.

Depero et Balla déclarent ainsi que le jeu et l'instinct ludique – et cela vaut pour les adultes comme pour les enfants – sont une stratégie esthétique fondamentale du futurisme. *Construction d'une fillette* n'est donc pas seulement un symbole tridimensionnel du mouvement, la sculpture démontre aussi la nouvelle orientation théorique des futuristes. Au cours des années suivantes, Depero travaille de manière intensive dans le domaine de la sculpture.

En 1919, il décore la Casa d'arte Depero à Rovereto avec des objets usuels et des objets qu'il a conçus ou il crée, comme à la Biennale de Monza en 1923, des installations d'exposition sophistiquées comportant des sculptures, des tapis muraux et des meubles. Le mouvement et le jeu sont les traits essentiels qui caractérisent tous ses travaux et installations.

Construction d'une fillette, 1917
Bois verni, 41 x 21 x 14 cm
Rovereto, Museo di Arte Moderna e Contemporanea di Trento e Rovereto

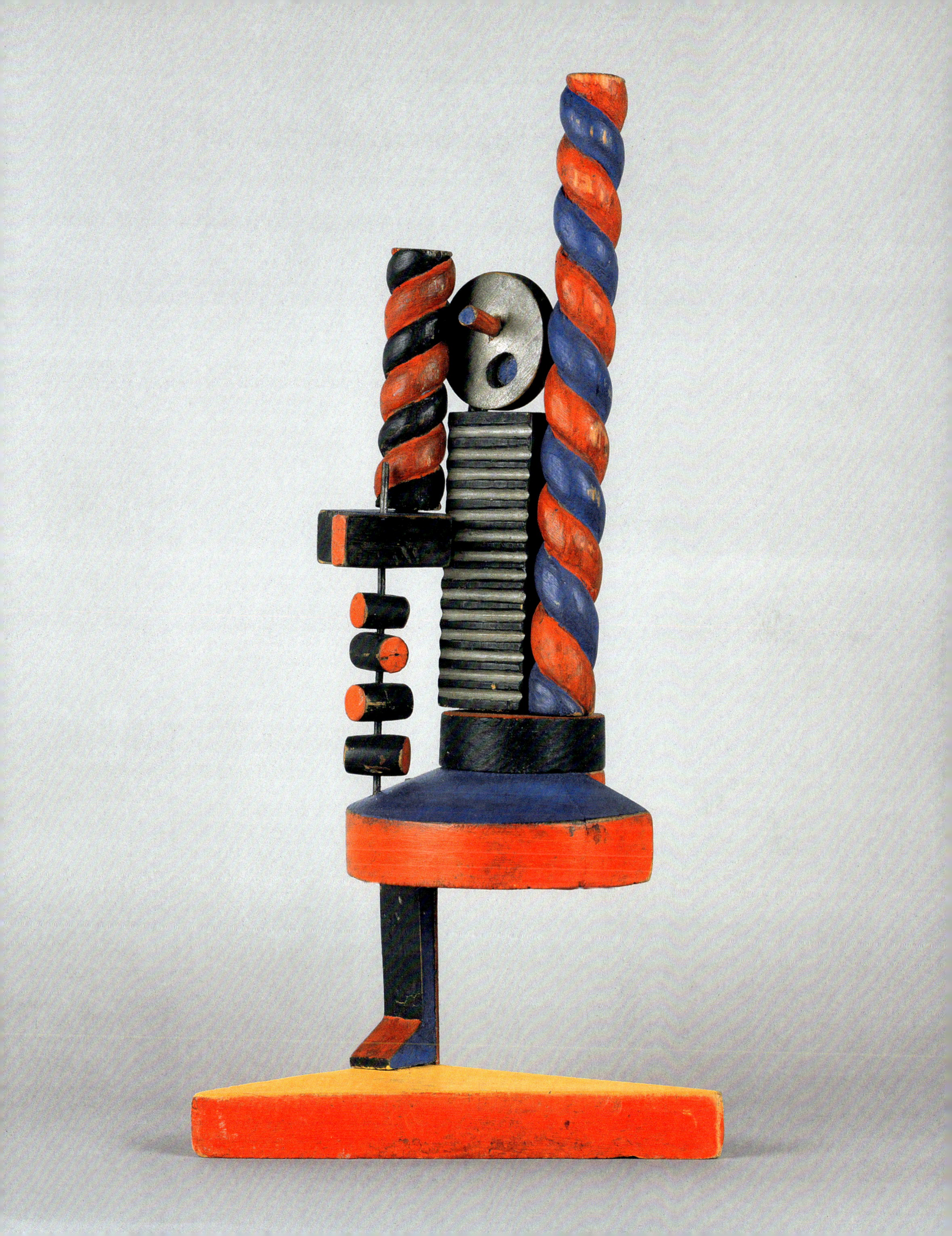

Fortunato Depero
Mécanique de danseurs (Mécanique de danseurs, ballerine + idole), 1917

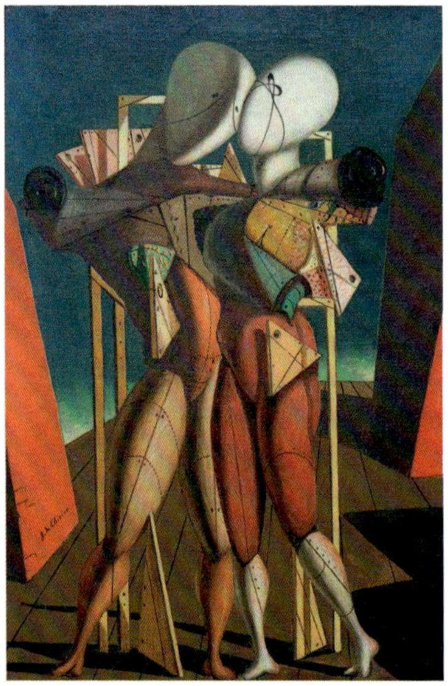

Giorgio De Chirico
Hector et Andromaque, 1917
Huile sur toile, 90 x 60 cm
Collection particulière

Vers 1917, à l'époque où le tableau *Mécanique de danseurs (Mécanique de danseurs, ballerine + idole)/Meccanica di ballerini (Macchinismo di ballerini, ballerina + idolo)* voit le jour, le théâtre, la musique et le ballet sont les thèmes majeurs de Fortunato Depero. Il crée dès 1916 le ballet « Minismagia » et dote les acteurs de costumes aisément transformables. Dans cette pièce, les personnages qui se trouvent sur scène se transforment pour la première fois en marionnettes. Un an plus tard seulement, Serge Diaghilev, directeur des Ballets russes, le charge de mettre au point une mise en scène sortant de l'ordinaire pour « Le Chant du Rossignol » sur une musique d'Igor Stravinsky. L'artiste meuble la scène d'éléments formels géométriques abstraits, de fleurs en métal hérissées de piquants et de figures en bois et en tôle. Diaghilev trouva sans doute cette mise en scène criarde et fantastique trop dominante comparée à la légèreté et la vivacité des danseurs. En tout cas, il demande en 1920 à Henri Matisse de trouver une solution plutôt classique. Les projets de Depero seront néanmoins réalisés en 1981 à Venise lorsque le ballet sera repris dans la chorégraphie originale de Léonide Massine.

En 1918, le travail artistique de Depero sur le ballet atteint son paroxysme avec les « Balli plastici » dans cinq farces musicales traitant de thèmes divers, des figures mécaniques – arlequins, pantins, créatures hybrides homme-insecte – accompagnées de musique (e. a. de Béla Bartók) s'animent, mimant par exemple I selvaggi, les colériques. Une fois encore, ce ne sont pas des êtres humains qui s'ébattent ici mais des marionnettes dans une mise en scène surréelle et enchanteresse.

Dans le tableau *Mécanique de danseurs*, Depero s'intéresse à ce monde des automates et en place deux dans un espace géométrique non défini. Plus encore que dans les projets de costumes, Depero réduit les formes de ses figures dont les membres ne rappellent que vaguement un être humain. La figure masculine de gauche n'est qu'une construction de tubes et de caissons métalliques gris, la figure féminine de droite est composée de cylindres multicolores, d'une couronne de volants et d'un double élément en étoile posé sur sa partie supérieure. On ne peut déterminer le troisième personnage féminin qui se trouve à droite dans un cercle semblable à un tambourin. Les deux marionnettes, qui semblent ébaucher un pas de deux, s'interpénètrent dans la juxtaposition de divers éléments formels.

L'être hybride homme-machine adopte des formes nombreuses et variées durant la première moitié du XXe siècle. Dans ses toiles, Giorgio De Chirico, le fondateur de la peinture métaphysique en Italie, fait du mannequin le représentant de l'homme. Les surréalistes intègrent des mannequins de vitrines dans leurs peintures ; et en 1926 Fritz Lang tourne *Metropolis* dans lequel apparaît une créature mi-femme mi-machine. Chez les futuristes, Filippo Tommaso Marinetti a propagé dès la première heure son idée d'« anoblissement » de l'homme qui devient l'uomo meccanico.

« Il s'agit donc, écrit Marinetti, de préparer l'identification imminente de l'homme avec la machine en facilitant et en perfectionnant un échange ininterrompu d'intuition, de rythme, d'instinct et de discipline métallique. »

Marinetti concrétisera plus tard son idée d'homme mécanique supérieur à l'homme dans une construction de métal. Depero en revanche ne conçoit l'homme-machine que comme une marionnette. Bien qu'elle soit toujours actionnée par des fils, celle-ci démontre chez lui de manière ludique une sorte de liberté face à la réalité, ce qui la rend ici aussi supérieure à l'homme.

Mécanique de danseurs (Mécanique de danseurs, ballerine + idole), 1917
Huile sur toile, 75 x 71,3 cm
Trente, Museo Provinciale d'Arte

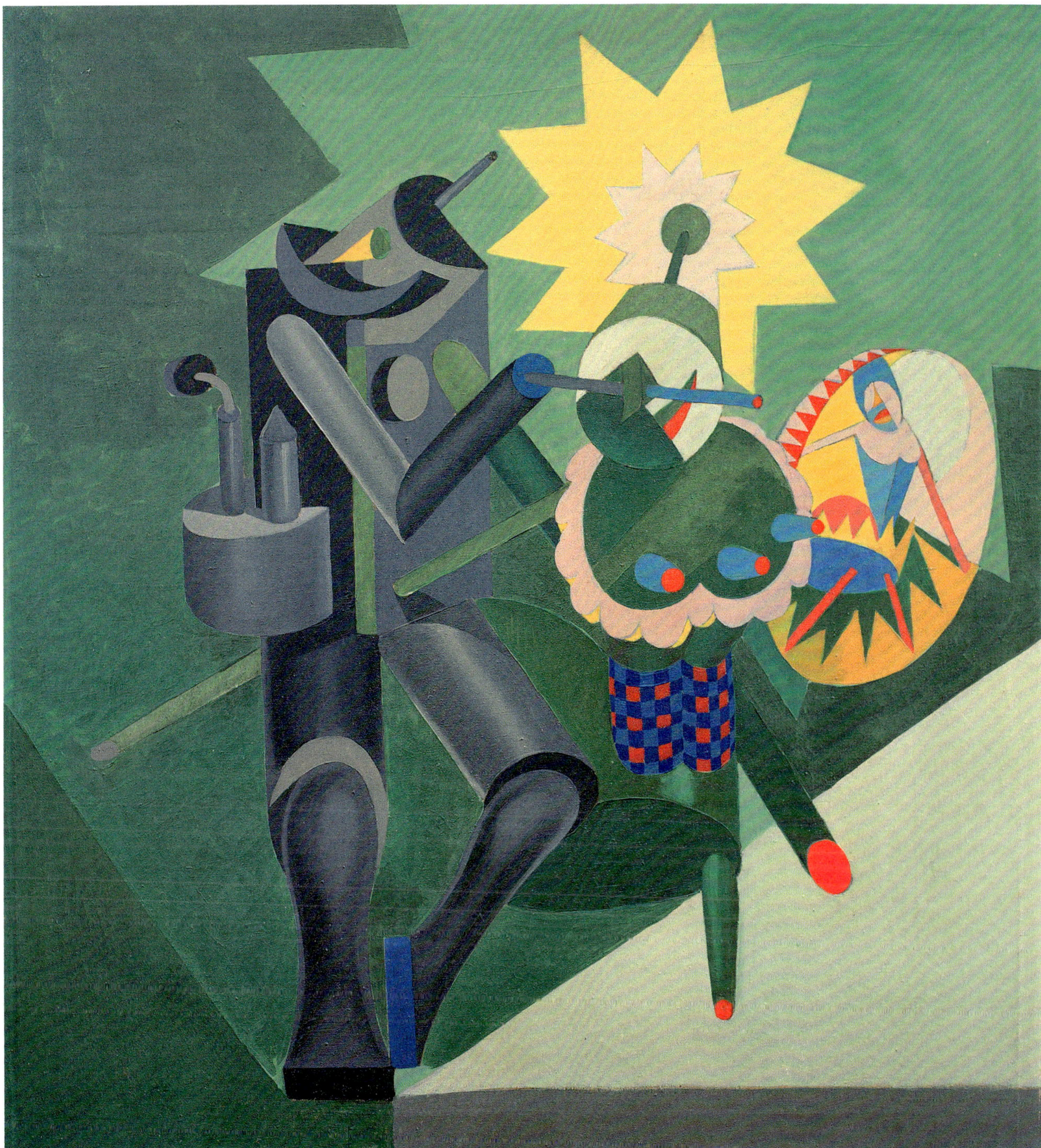

Gerardo Dottori
Miracle des lumières, en vol, 1931/32

* 1884 à Pérouse
† 1956 à Pérouse

La peinture en perspective aérienne est le défi artistique capital que se lance Gerardo Dottori à partir des années 1920. Il montre la terre vue du ciel dans des situations dynamiques et atmosphériques changeantes. L'avion lui-même, origine de ses observations, n'apparaît que rarement dans ses paysages qui semblent en partie fantastiques. Le culte de la machine des futuristes attire moins Dottori et on ignore s'il s'est jamais trouvé lui-même à bord d'un appareil.

Dottori fait en 1912 la connaissance de Giacomo Balla à Rome et se rallie au mouvement futuriste dont il accompagnera par la suite toutes les phases et qu'il propagera au-delà de la Deuxième Guerre mondiale. Vers 1914/15 il s'inspire de motifs futuristes connus comme le cycliste, avant de peindre, vers 1920 une série de tableaux abstraits – Balla, Severini et Boccioni avaient déjà ouvert la voie de l'abstraction en Italie durant la haute époque du futurisme vers 1912/13. Ce qui est remarquable dans l'œuvre de Dottori ce sont ses nombreuses peintures murales et ses décorations. Tout au long de sa vie, il s'intéressera à ce genre artistique particulier.

En 1934, il signe avec Filippo Tommaso Marinetti, Benedetta (Benedetta Cappa Marinetti, 1897–1977), Fortunato Depero et Bruno Munari (1907–1998) le « Manifesto della plastica murale » (Manifeste de la plastique murale), qui est lié à un débat général sur la renaissance de la fresque. Dans l'Italie des années 1930, sous le régime de Mussolini, ce genre de discussion signifie inéluctablement aussi la confrontation avec la pratique d'un art d'État. Vers le milieu des années 1920, l'aéropeinture futuriste de Dottori atteint un premier sommet. Avec son vocabulaire formel facetté et dynamique, il donne une idée grisante de la vitesse. Des couleurs vives, du rouge et du bleu surtout, intégrées dans le vert différencié du paysage augmentent la sensation de vol rapide et chargé d'énergie. Une des œuvres maîtresses de Dottori, *Le Triptyque de la vitesse (Trittico della velocità)*, sera réalisée en 1926/27 à l'aide de cette syntaxe picturale.

Si les trois volets dont elle est composée – le chemin, le voyage, l'arrivée –, volets qui s'inspirent des états d'âme plutôt métaphysiques de Boccioni, concrétisent l'aspect du déplacement rapide, Dottori se tourne dans *Miracles des lumières, en vol (Miracolo della luce durante il volo)* vers un événement de nature atmosphérique et visuelle : trois arcs-en-ciel, représentés seulement en partie, entrecroisent une zone de ciel bleu violacé et nuageuse et un paysage réduit à ses formes géométriques et légèrement convexe.

L'arc-en-ciel est un motif archaïque dans l'histoire de l'art. Pont entre le monde terrestre et le monde surnaturel pour les non chrétiens, il peut aussi bien être un symbole chrétien de la divinité. L'Anglais William Turner (1775–1851) est l'un des peintres dont les représentations atmosphériques ont apporté une note d'interprétation scientifique dans la peinture.

Comme nombre de ses protagonistes, le futuriste Dottori a commencé sa carrière artistique en peignant à la manière divisionniste. Il connaissait sans doute la décomposition de la lumière en couleurs spectrales, le principe du mélange visuel et d'autres principes théoriques. Il n'empêche que l'artiste ne respecte pas l'ordre d'apparition correct des couleurs dans le spectre (violet, indigo, bleu, vert, jaune, orange, rouge) et qu'il n'utilise pas non plus une autre norme chromatique théorique en agençant ses passages de couleur. Dottori obtient uniquement en éclaircissant fortement les couleurs un effet qui évoque la luminosité et la transparence d'un arc-en-ciel.

Loin du bruit des machines futuristes, dénué d'ambition scientifique, Dottori pratique avec *Miracle des lumières, en vol* une forme de peinture qui débouche sur une abstraction intuitive.

Miracle des lumières, en vol, 1931/32
Huile sur toile, 122 x 127 cm
Rome, Galleria Nazionale d'Arte Moderna e Contemporanea

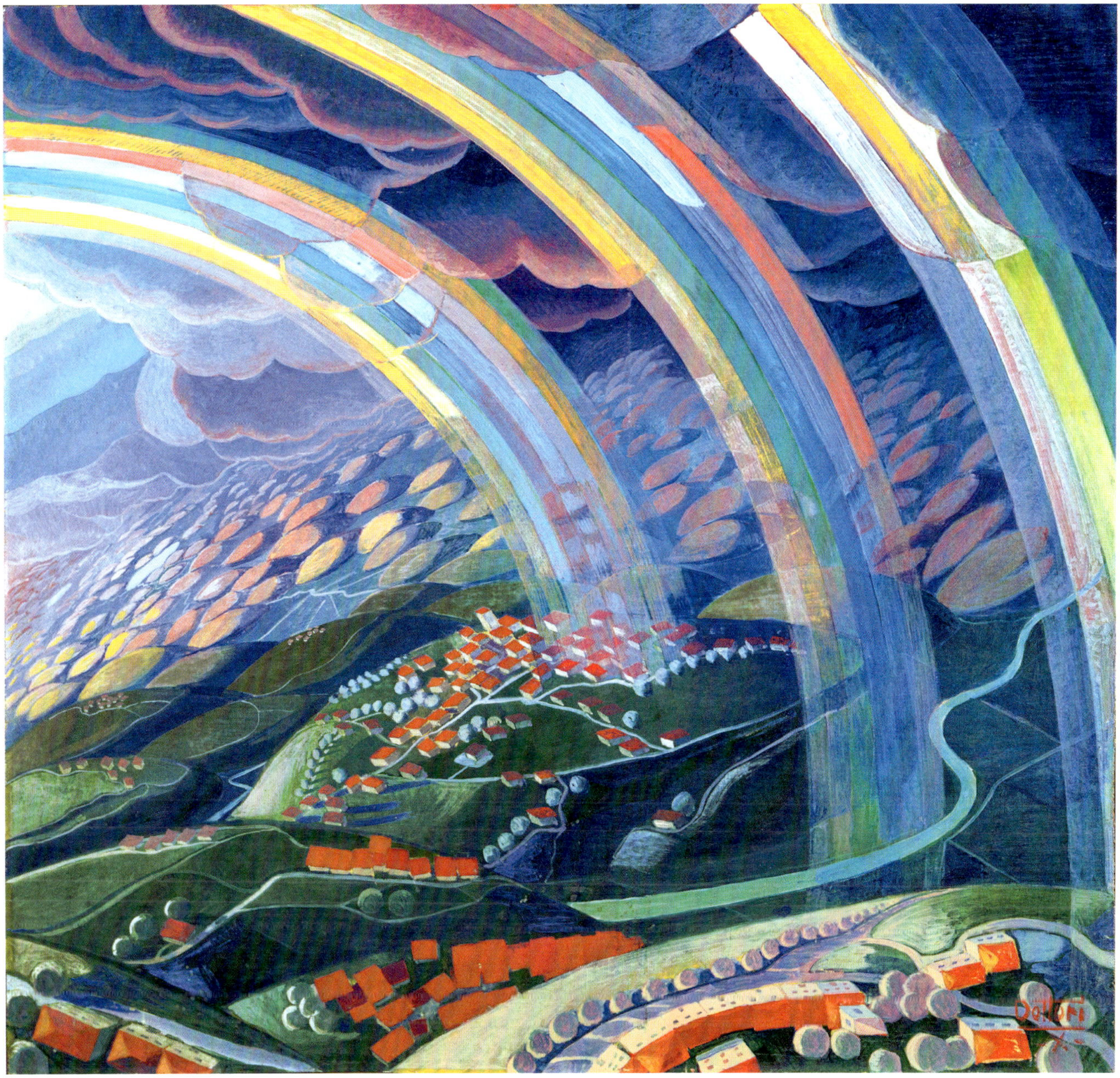
Dottori

Leonardo Dudreville

Expansion de la poésie, 1913

* 1885 à Venise
† 1975 à Lago Maggiore

Leonardo Dudreville est l'un des membres de la première heure du mouvement futuriste bien qu'il n'ait pas signé le « Manifeste des peintres futuristes » de février 1910. Dès 1912, il fonde le groupe Nuove Tendenze, que l'on considère généralement comme une branche moins radicale du futurisme. Ceci explique pourquoi son nom est généralement moins cité dans l'histoire du mouvement. En 1906/07, lors d'un voyage à Paris, Dudreville fait la connaissance de Gino Severini. L'approche artistique de Severini dans laquelle se croisent les réflexions dynamiques, symphoniques et portant sur la théorie des couleurs influencera directement ses univers picturaux.

Autour de 1913, alors que Dudreville peint *Expansion de la poésie (Espansione della poesia)*, les deux artistes sont à la recherche d'un langage pictural basé sur les paramètres futuristes. Severini s'aventure vers les *Expansions sphériques* de couleur et de lumière dans l'espace. Il concrétise son idée de composition abstraite idéale dans le manifeste de 1913 « Analogie plastiche del dinamismo » (Analogie plastique du dynamisme) dans lequel on peut lire au sujet de la forme : « Construction rythmique, arabescale, agencée volontairement en vue d'une nouvelle architecture qualitative. » Plus loin, il note : « Suppression de la ligne droite qui est statique et amorphe comme une couleur sans nuances et des lignes parallèles. » Severini traduit ces directives en une architecture colorée aux formes géométriques très diversifiées et entrelacées les unes dans les autres.

Dans *Expansion de la poésie*, Dudreville modifie de manière complètement autonome le phénomène de l'expansion sphérique, privilégiant l'arc en tant qu'élément constructif. De nombreux arcs aux couleurs variées sont disposés les uns sur les autres ou les uns derrière les autres. Des couches de couleur translucides, des contrastes chromatiques intenses ainsi que les dimensions différentes des divers segments permettent la pénétration des éléments abstraits et favorisent une impression de profondeur. L'association involontaire de la forme colorée avec un arc-en-ciel, le symbole même de l'apparition sphérique céleste, soutient l'idée d'expansion spatiale immatérielle.

Mais, contrairement à ce que préconisent les directives de travail strictes de Severini, la tonalité chromatique ne présente aucune superstructure théorique chez Dudreville. Le bleu et le rouge créent un contraste prononcé, un bleu violacé sombre suit un jaune clair générant un contraste d'intensité, mais une architecture de couleurs harmonieuse prédomine dans la composition, surtout due aux zones colorées vertes, jaunes, orange.

En France à la même époque, Robert Delaunay élabore ses *Disques simultanés* absolument comparables au tableau de Dudreville sur le plan de l'impression colorée et de la segmentation de la forme en arc. « Commença, ainsi Delaunay, la période des "disques simultanés", des formes circulaires où la couleur est utilisée dans son essence tournante et la forme se développe à partir du rythme dynamique circulaire de la couleur… Mais quelles couleurs : des tons de rouge et de bleu au centre, s'opposant mutuellement – Le rouge et le bleu donnent des vibrations ultrarapides, visibles à l'œil nu, physiques – j'ai autrefois nommé cette expérience le coup de poing. Tout autour, toujours en formes circulaires, j'ai placé d'autres contrastes, tous face à face et en même temps simultanés à l'ensemble du tableau, c'est-à-dire à la totalité des couleurs, les unes en tensions complémentaires, les autres en tensions non complémentaires. »

Si Delaunay, à l'instar de Severini, base ses compositions de couleurs circulaires sur des règles, il conserve en raison des nombreuses combinaisons possibles des libertés dans son choix des couleurs. Dans *Expansion de la poésie*, le choix des couleurs procède d'une démarche similaire. L'approche artistique de Dudreville est basée sur l'intuition, à l'encontre des théories futuristes répandues.

Expansion de la poésie, 1913
Huile sur toile, 129,5 x 129,5 cm
Collection particulière

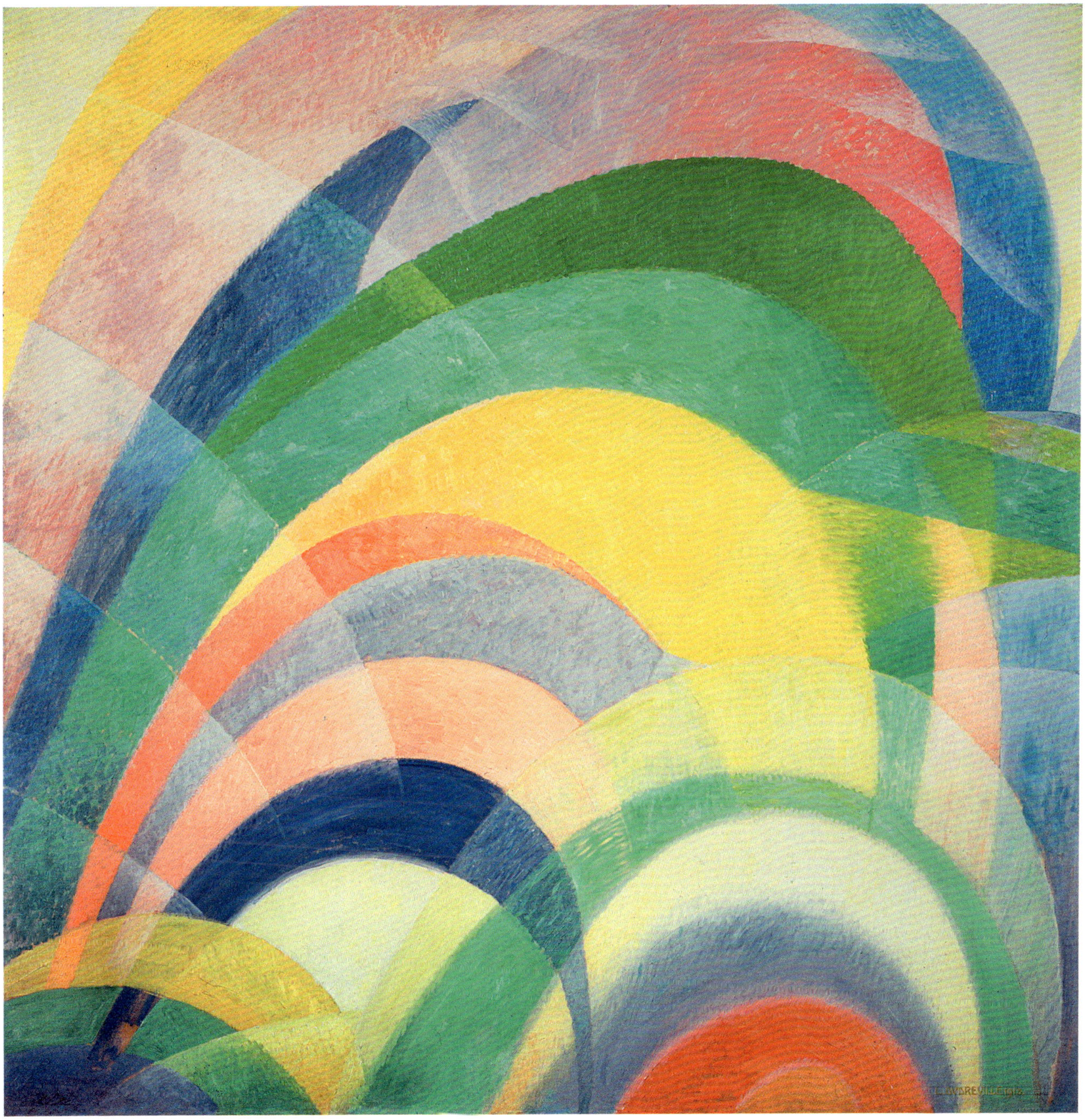

Virgilio Marchi
Dessin de bâtiment, 1919

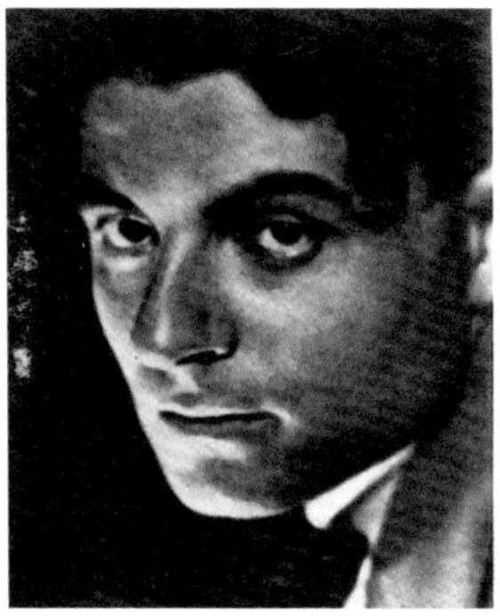

* 1895 à Livourne
† 1960 à Rome

Virgilio Marchi est avec Antonio Sant'Elia et Mario Chiattone (1891–1957) l'un des architectes futuristes les plus connus. Si ces derniers ont marqué l'image de l'architecture futuriste dans la phase initiale du mouvement avec des visions d'horizontales et de verticales dynamiques, on trouve chez Marchi qui n'a fait la connaissance de Filippo Tommaso Marinetti qu'en 1916 pendant la guerre, se ralliant ainsi à la seconde phase du futurisme, une architecture fantastique foisonnante et débridée. Dans son projet en forme de tableau *Dessin de bâtiment (Disegno per un edificio)*, Marchi aborde le thème majeur du futurisme, un thème extrêmement fécond : la ville avec ses bâtiments, ses artères de circulation et les flots d'êtres humains qui vivent au rythme de la modernité.

En 1914, Sant'Elia avait déjà conçu une agglomération urbaine futuriste, *La Ville nouvelle*, alors qu'à la même époque Chiattone précise dans des dessins ses idées d'une métropole moderne dotée de tours d'habitation. Si ces deux projets s'avèrent irréalisables en raison de leur complexité, Marchi, quant à lui, dessine consciemment une ville irréelle. Dans la structure urbaine qu'il a imaginée, chaque bâtiment et chaque détail architectural se trouvent dans un état d'expressivité dynamiquement tendue.

Dans le *Dessin de bâtiment*, la foule accourt vers un édifice composé de nombreux arcs en plein cintre ou en ogive imbriqués l'un dans l'autre. Celui-ci donne l'impression d'être une structure organique enchevêtrée en béton, verre et fer. La plate-forme sur le toit est peut-être conçue comme terrain d'atterrissage. Les couleurs, un bleu azur et un jaune ocre clair, renforcent l'impression de monde parallèle en extension.

Les visions architecturales de Marchi sont de pures démonstrations des idées futuristes de force et de dynamisme. Elles vivent d'une puissance d'expression plastique dans laquelle chaque élément suit le dogme du mouvement et de la pénétration.

Durant cette phase créative, l'Italien peut laisser libre cours à son imagination : il s'agit en effet de la période de vaches maigres de l'entre-deux-guerres. Dans toute l'Europe, le carnet de commandes des architectes européens est pratiquement vide et nombreux sont ceux qui travaillent uniquement sur le papier.

Bien que Marchi s'aligne parfaitement sur le mouvement futuriste et son idéologie, son œuvre est particulièrement intéressante dans le contexte européen. À la même époque en Allemagne, des architectes, des artistes et des écrivains qui créent une architecture utopique apparentée sur le plan formel se rassemblent et deviennent membres du cercle épistolaire fondé par Bruno Taut, la « Chaîne de verre ». Taut comme Hans Scharoun, Hermann Finsterlin et d'autres encore imaginent des villes et des bâtiments en cristal et en verre dont émane une force transcendante irréelle.

Eux non plus ne pourront concrétiser leurs projets. Seul Erich Mendelsohn dont le style est apparenté au leur mais qui ne fait pas partie du groupe, réalise à Potsdam la tour Einstein – un observatoire à l'aide duquel il voudrait prouver la validité de la théorie de la relativité.

Dessin de bâtiment, 1919
Craie et aquarelle sur papier,
15,2 x 21,6 cm
Collection particulière

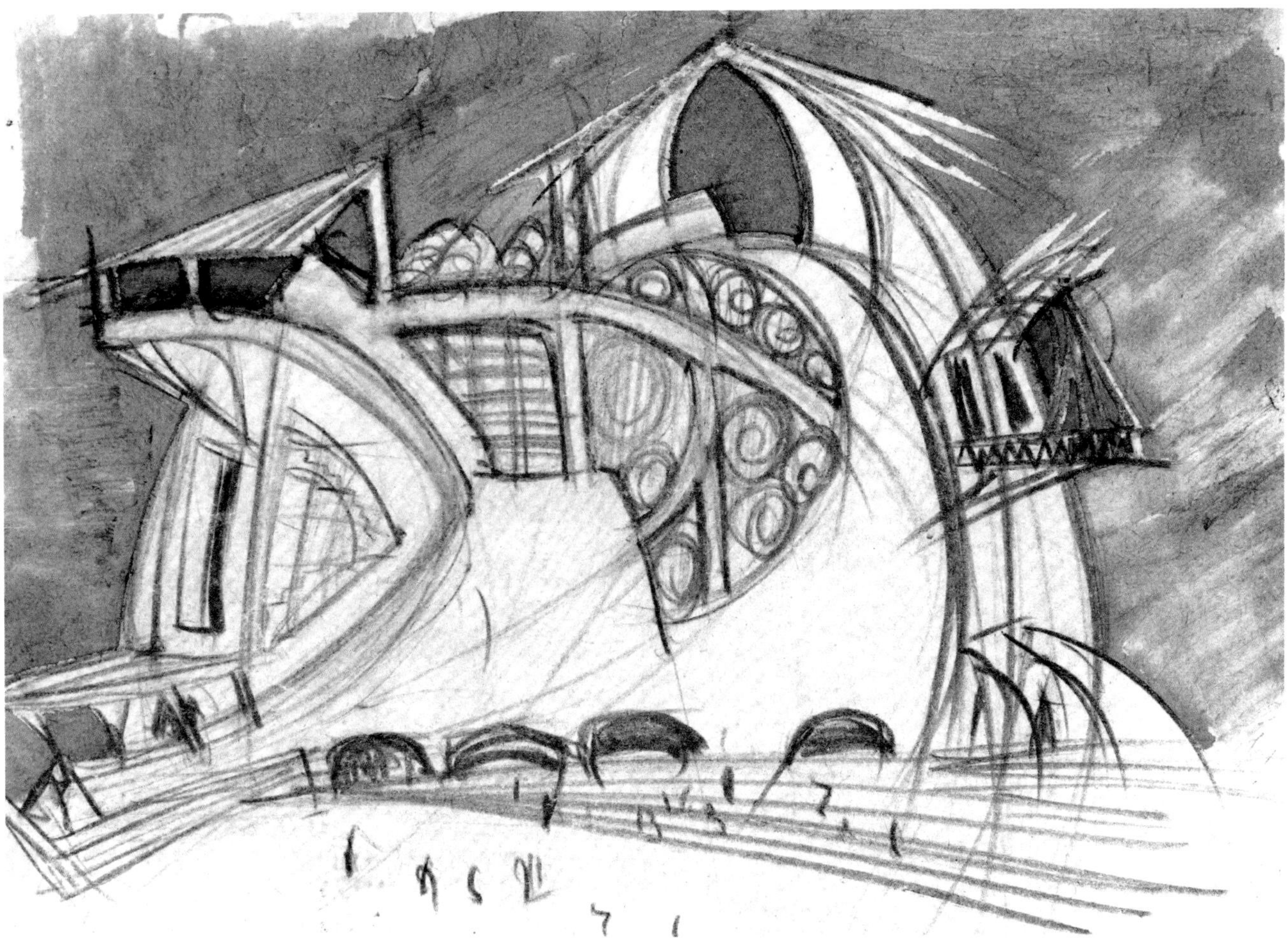

Filippo Tommaso Marinetti
Vitesse élégante – Mots en liberté (1er record), 1918/19

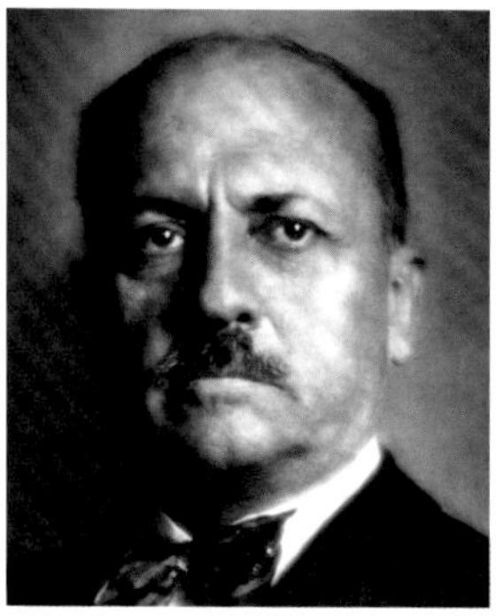

* 1876 à Alexandrie
† 1944 à Bellagio

Emilio Filippo Tommaso Marinetti est le fondateur et le penseur du mouvement futuriste. Il réussit toujours à entraîner les autres par ses paroles enthousiastes et ses apparitions publiques provocantes.

Il parviendra à « libérer les mots », ce qui est révolutionnaire et va bien au-delà du futurisme. Dans une série de manifestes, le littérateur abolit les techniques phrastiques et les règles linguistiques valables jusque-là : en 1912 paraît le « Manifesto tecnico della letteratura futurista » (Manifeste technique de la littérature futuriste) et, un an plus tard, « Parole in libertà » (Mots en liberté).

Avec ces écrits, accompagnés de nombreuses actions et de publications, Marinetti se dirige en très peu de temps vers une poésie visuelle, ainsi qu'en témoigne *Vitesse élégante – Mots en liberté (1er record)*. Avec une parfaite liberté syntaxique, Marinetti jette sur le papier des lettres, des signes mathématiques – surtout des vecteurs qui donnent l'orientation des mouvements – des mots, des abréviations sémantiques, des objets et des fragments de phrase. La typographie change de manière intermittente mais continuellement.

L'auteur écrit, dessine, coupe au ciseau et colle. Le lecteur ne peut plus suivre un texte uniforme mot après mot et ligne après ligne, mais se retrouve tout à coup face à des éléments hétéroclites de mots et d'images qui forment un contenu. Le texte qu'il a sous les yeux n'est plus à lire mais à regarder et lui offre un vaste champ de possibilités associatives et combinatoires.

Marinetti établit néanmoins un champ d'idées dans le sens de la philosophie vitaliste des futuristes. Il passe en revue les découvertes technologiques de son époque. Avions, automobiles, navires, zeppelins et un chemin de fer représentent le potentiel énergétique de l'Italie, sans oublier la force des chevaux. Il s'agit d'établir des records, d'être le meilleur et de conquérir de nouveaux territoires. La répétition du mot MOI transporte aussi bien l'auteur que le lecteur dans l'événement dynamique. Au sein du groupe, Giacomo Balla, Carlo Carrà et Gino Severini testent aussi vers 1913/14 les possibilités des tableaux-textes. Ils intègrent des lettres, des mots et des chiffres dans leurs tableaux ou créent des constructions picturales en collages.

L'avancée de Marinetti vers le mot-image sera une source indispensable d'inspiration pour le mouvement Dada qui suit directement le futurisme des débuts, ainsi que pour la poésie visuelle des années 1960. Lors de ses premières tentatives de libération des mots, lui-même a pu emprunter des idées à des écrivains français comme Alfred Jarry et surtout Stéphane Mallarmé. Avant la fondation du futurisme en 1909, Marinetti récitait déjà des extraits de leurs œuvres lors de ses premières soirées de conférences qui anticipent déjà les célèbres soirées futuristes.

Mallarmé a donné à son ouvrage *Un coup de dés jamais n'abolira le hasard* un caractère absolument inédit : les mots et les groupes de mots apparaissent librement sur la page, enjambent en partie l'onglet ; la hauteur de la ligne varie, des insertions et des parenthèses interrompent le flux des phrases. Le livre est paru en 1897 et en 1914 dans des versions typographiques nettement différentes. Avec sa manière d'appréhender le texte, Mallarmé fut pour Marinetti une stimulation essentielle.

Vitesse élégante – Mots en liberté (1er record), 1918/19
Collage et encre sur papier, 53 x 26,5 cm
Collection particulière

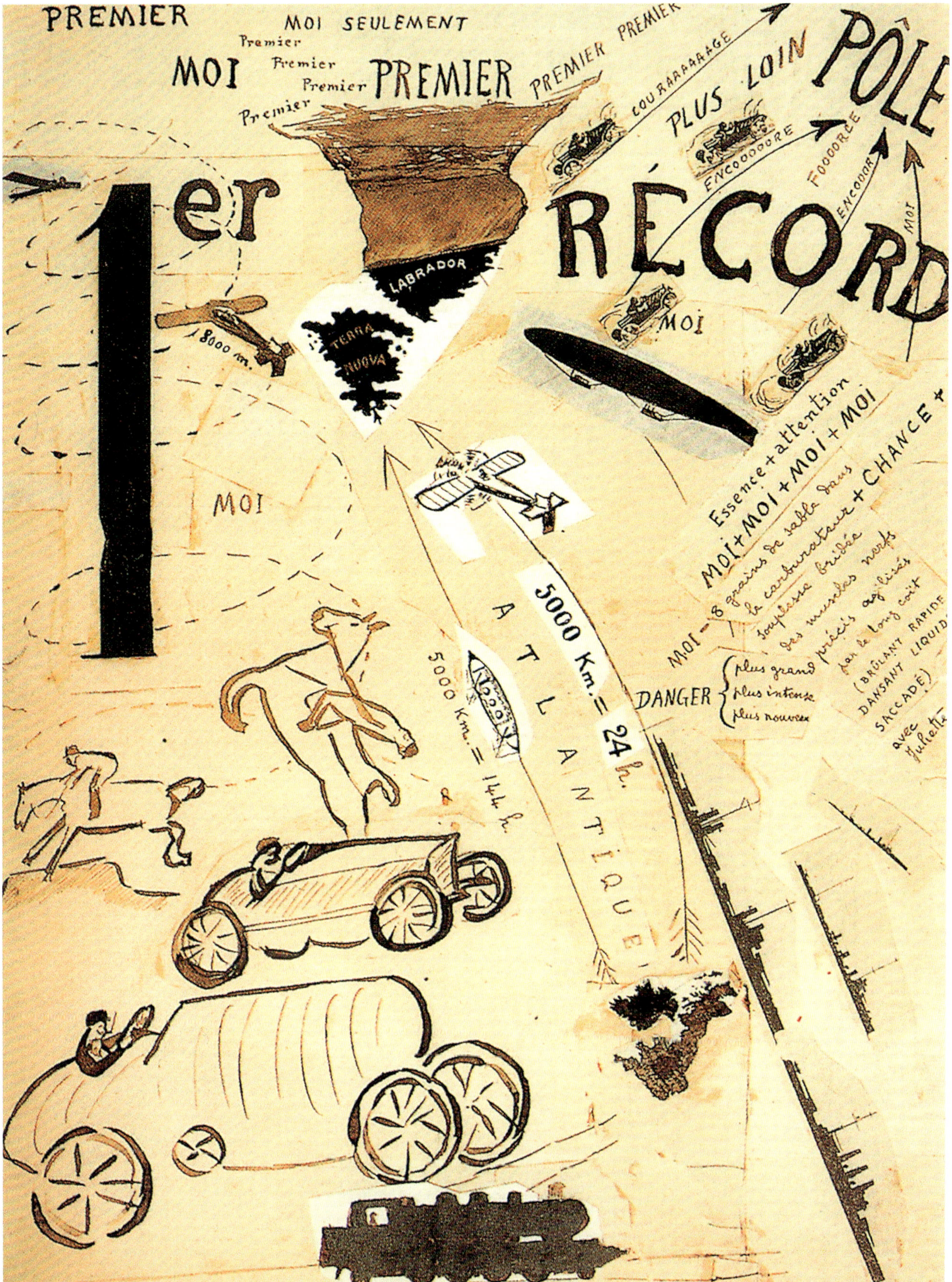
PREMIER
MOI SEULEMENT
Premier
MOI
Premier
Premier
PREMIER
Premier
PREMIER PREMIER PREMIER
COURAAAAAAGE
PLUS LOIN
PÔLE
ENCOOOOORE
FOOOORCE
ENCOOOOR
MOI
1er
RÉCORD
LABRADOR
TERRA NUOVA
8000 m.
MOI
MOI
Essence + attention
MOI + MOI + MOI + MOI
MOI – 8 grains de sable dans le carburateur + CHANCE +
souplesse brûlée des muscles nerfs précis agilisés par le long coït
(BRÛLANT RAPIDE DANSANT LIQUIDE SACCADÉ) avec Juliette
DANGER
plus grand
plus intense
plus nouveau
5000 Km. = 24 h.
ATLANTIQUE
5000 Km. = 144 h.

Enrico Prampolini
Tarentelle, 1920

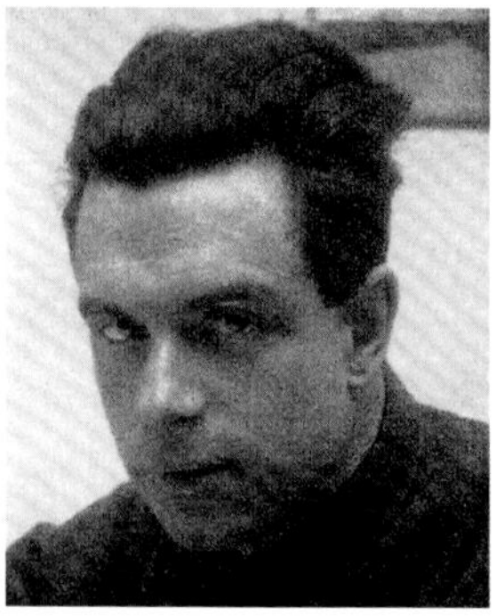

* 1894 à Modène
† 1956 à Rome

Les nouvelles approches futuristes dans le domaine de la danse sont clairement à la traîne derrière les réalisations innovantes, entre autres dans le domaine de la peinture et de la sculpture. Seule la Milanaise Giannina Censi (1913–1995) élabore vers 1930 une forme de danse futuriste inspirée des expériences de la vitesse excitantes que formulent l'aéropeinture et l'aéropoésie. Cependant les apparitions de Censi sur scène ne peuvent être comparées à la danse d'expression libre des Américaines Loïe Fuller et Isadora Duncan qui connaissent un grand succès au début du XXe siècle en Europe.

En 1917, Marinetti publie *La Danse futuriste (La danza futurista)* et, la même année, Giacomo Balla signe les décors de « Feu d'artifice », réalisé sur une musique d'Igor Stravinsky et dansé par les Ballets russes sur une chorégraphie de Serge Diaghilev. C'est d'ailleurs dans le domaine des décors et de la scénographie que les artistes futuristes développeront aussi leur véritable potentiel créatif.

Fortunato Depero et Enrico Prampolini qui créent aussi bien des décors de scène que des éclairages et des costumes dirigent une série de mises en scène futuristes destinées à des ballets et des pièces de théâtre. En 1915, Prampolini écrit le manifeste « Scenografia e coreografia futurista » (Scénographie et chorégraphie futuristes) et commence ses activités de décorateur et de dessinateur de costumes. En 1920, lorsqu'il tente de traduire sur le plan plastique le thème de la danse avec son tableau *Tarentelle (Tarantella)*, l'artiste vit une phase de création intense. Il travaille pour le Teatro del Colore de Rome et, lors de son premier voyage à l'étranger, il rencontre Theo van Doesburg au Bauhaus de Weimar.

Il fait également la connaissance de Vassili Kandinsky, El Lissitzky, Paul Klee, Oskar Schlemmer, Piet Mondrian et d'autres artistes majeurs de cette époque qui se confrontent à un langage formel constructif géométrique.

Prampolini rédige plusieurs articles pour le magazine *De Stijl*. L'artiste italien se voit conforté dans son orientation stylistique car, depuis la fin des années 1910, il est le représentant d'une conception picturale futuriste géométrique, caractéristique du second futurisme. Des éléments mécaniques issus du monde de la machine constituent le dynamisme et le rythme. En 1923, dans le « Manifesto dell'arte meccanica futurista » (Manifeste de l'art mécanique futuriste), il définit avec Ivo Pannaggi (1901–1981) et Vinicio Paladini (1902–1971) les principes de cette vision de l'art.

La tarentelle est une danse originaire de la région de Tarente, dans le sud de l'Italie. Elle est écrite dans une mesure à 3/8 ou 6/8 et est accompagnée de tambourins et de castagnettes. Les danseurs s'agitent de plus en plus sauvagement jusqu'à atteindre un état de transe proche de l'extase. Dans l'art mécanique, la figure humaine subit une métamorphose à la fin de laquelle se trouve l'homme-machine.

Ce sont des êtres de ce genre qui dansent la tarentelle. Intégrés à un décor qui ressemble à une scène, ils dansent en cadence au son de la musique. Les corps et l'espace qui les entoure s'interpénètrent. Les petits éléments géométriques qui définissent les bras levés reflètent le son dur et métallique des castagnettes. Les couleurs en aplats transportent sur le plan bidimensionnel la danse qui embrasse l'espace.

En 1910, dans son tableau *Danse*, Henri Matisse avait visualisé l'expérience de la danse et de la musique dans une ronde de personnages aux attitudes différentes. Dix ans plus tard, Prampolini désagrège l'ensemble de la scène pour la transformer en une expérience formelle synesthésique. Des stimuli divers, dus à la musique, à la danse, aux couleurs, aux formes, se fondent en une sonorité mécanique et rythmique.

Tarentelle, 1920
Huile sur toile, 80 x 80 cm
Lodz, Muzeum Sztuki

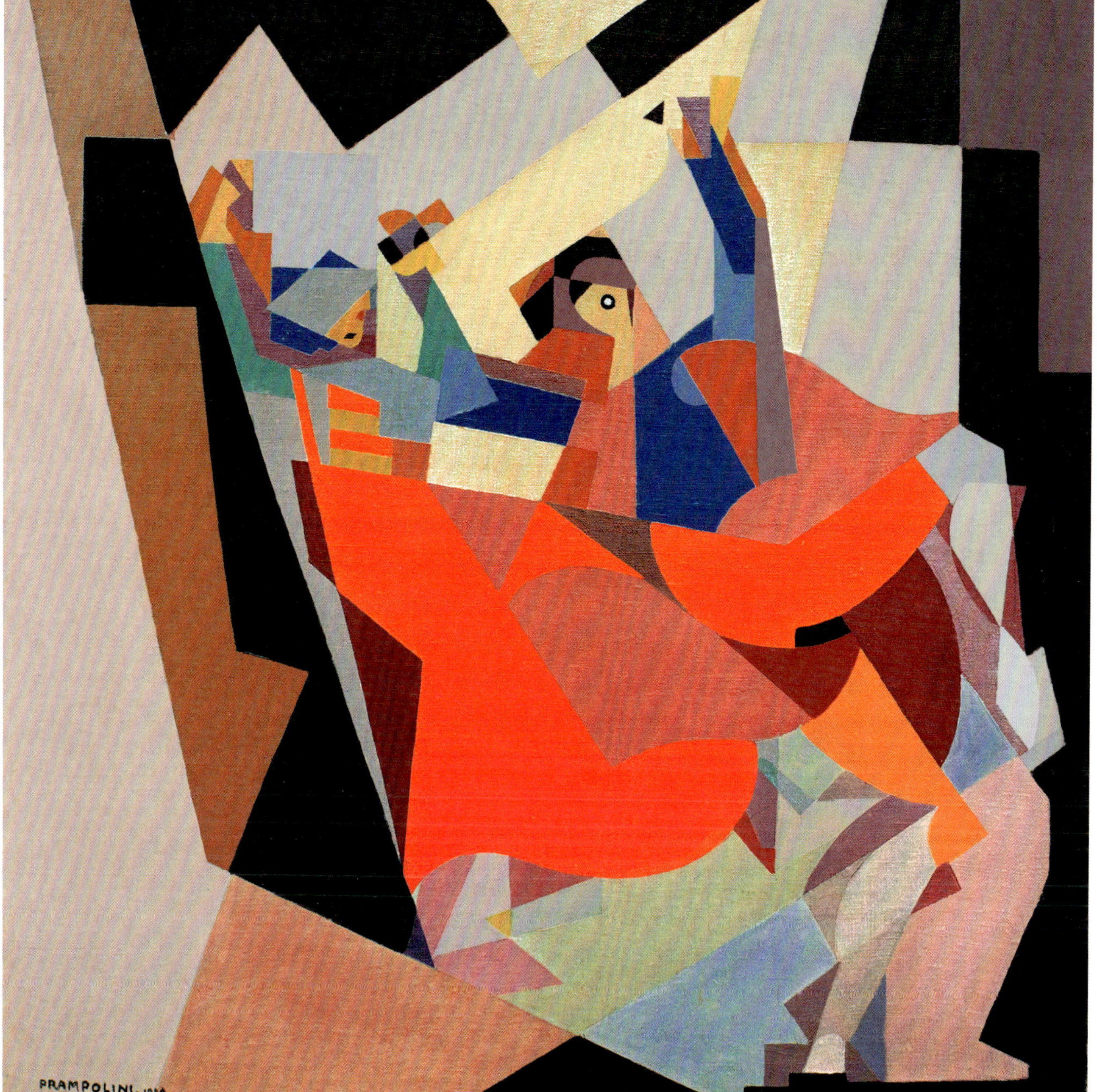
PRAMPOLINI · 1920

Enrico Prampolini
F. T. Marinetti, 1929

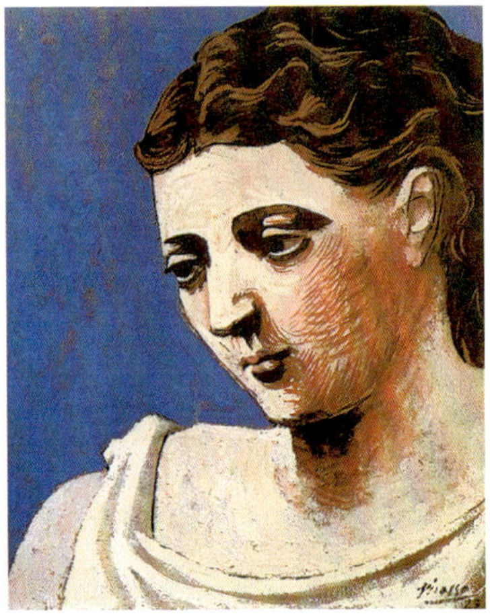

Pablo Picasso
***Tête d'une femme*, 1923**
Huile et sable sur toile, 46 x 38 cm
Tokyo, Bridgestone Museum of Art

Enrico Prampolini rejoint dès 1913 le mouvement futuriste, mais il ne deviendra un de ses artistes essentiels que durant la seconde phase du futurisme. Travaillant selon les données énoncées par Giacomo Balla et Fortunato Depero dans leur manifeste de 1915 « La reconstruction futuriste de l'univers », Prampolini révèle dans ses tableaux, ses collages et ses nombreux dessins de décors de théâtre un style géométrique architectural. En 1922, il publie « L'esthétique de la machine et l'introspection mécanique » dans la revue *De Stijl* à l'occasion du congrès des artistes d'avant-garde qui se déroulait cette année-là à Düsseldorf.

Prampolini entretient des échanges animés avec les artistes de son époque et est au fait des développements artistiques. Il a des contacts avec le mouvement zurichois Dada, avec le Bauhaus, avec la galerie berlinoise Der Sturm ; il vivra de 1925 à 1937 à Paris où il rejoindra en un premier temps le groupe Cercle et Carré avant de devenir membre d'Abstraction-Création. Ce qui n'empêchera pas l'artiste de rester fidèle aux maximes futuristes.

En 1922, on assiste à une étroite collaboration entre Prampolini et Filippo Tommaso Marinetti. Ils organisent ensemble des expositions futuristes à Prague, Berlin et Düsseldorf et Prampolini dessine les décors de la pièce de Marinetti « Il Tamburo di fuoco » (Le Tambour de feu). Le collage *F. T. Marinetti* peut donc être considéré comme un hommage au fondateur et moteur du mouvement futuriste. C'est en 1929, l'année où Prampolini achève le portrait, que Marinetti devient officiellement membre de l'Accademia d'Italia et entre dans le système éducatif traditionnel, minant ainsi les paramètres du futurisme qu'il a lui-même définis et la plupart du temps résolument défendus.

Prampolini se concentre ici sur la tête représentée dans un style tendant à l'abstraction. La forme massive du crâne et la moustache restent néanmoins proches des traits caractéristiques de Marinetti. L'artiste peint quelques lettres qui sortent de la bouche de l'écrivain ainsi qu'un avion en bas à droite. Ces attributs se réfèrent à des aspects essentiels des préoccupations de Marinetti : d'une part le renouvellement futuriste de la langue et de la littérature, d'autre part l'aéropeinture qui avance au premier plan de l'esthétique futuriste depuis la fin des années 1920. La division frappante du collage en une zone claire et une zone foncée reflète peut-être ces deux champs d'intérêt. Ou Prampolini fait-il allusion aux deux phases du mouvement ?

On peut expliquer de manière plus concrète la forme compacte de la tête qui ne présente plus guère les traces de la désintégration futuriste. Prampolini, qui trouve vers 1930 un langage stylistique plastique et organique, est on ne peut plus familier des œuvres classicistes de Pablo Picasso. « Dans la semaine sainte de cette année 1917 », se souvient Prampolini en 1943 dans un essai, « Picasso me montra dans sa chambre de l'Hôtel de Russie sur la Via del Babuino où il habitait, profondément ému par les visions de Raphaël, les premiers dessins classicistes qu'il avait réalisés dans le climat gai, grandiose et engageant de Rome. » Plus loin on peut lire : « On pourrait plutôt définir cela comme un appel à l'ordre, aux valeurs concrètes d'un monde vécu, aux assurances plastiques acquises, à l'apparence et aux formes qui en résultent. » Prampolini cessera de décomposer la forme et se tournera vers le langage formel classique à travers l'œuvre et la personne de Picasso. À la même époque, Giorgio De Chirico fonde la peinture métaphysique qui exige aussi le retour à l'ordre et à laquelle se ralliera par exemple entre autres le futuriste Carlo Carrà. Le collage *F. T. Marinetti* de Prampolini anticipe déjà cette évolution en tant que réflexion formelle.

***F. T. Marinetti*, 1929**
Collage, 50 x 50 cm
Rome, Galleria Nazionale d'Arte Moderna e Contemporanea

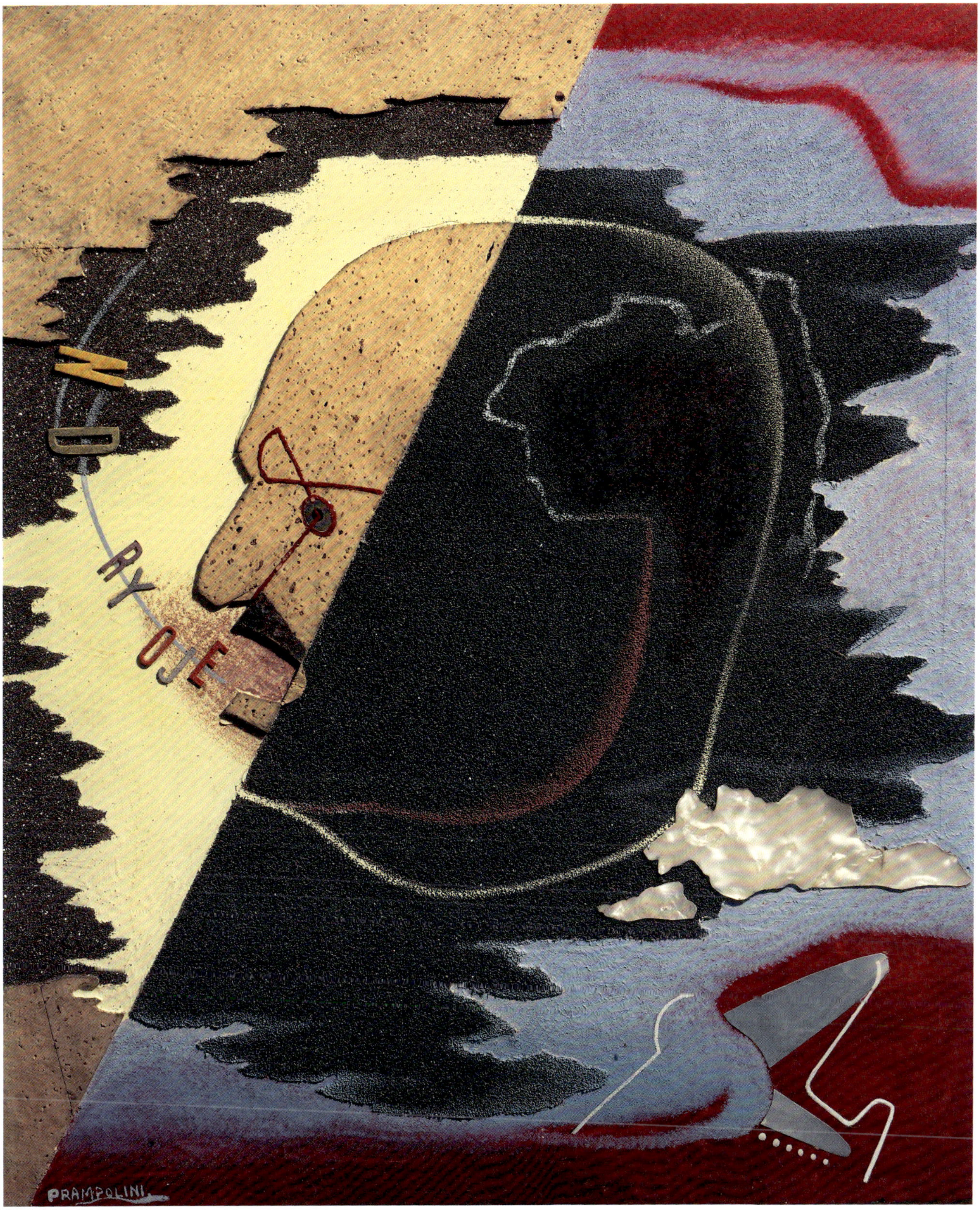
PRAMPOLINI.

Luigi Russolo

La Musique, 1911

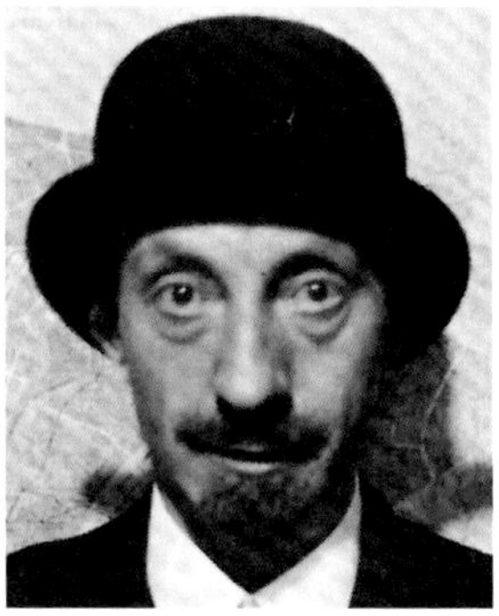

* 1885 à Portogruaro
† 1947 à Cerro di Laveno

« La peinture des sons, des bruits et des odeurs veut… l'arabesque comme seule réalité créée par l'artiste dans les profondeurs de sa sensibilité… »
— CARLO CARRÀ

Au cours des premières décennies du XXe siècle, les artistes n'ont cessé de considérer la musique et les arts plastiques, deux domaines qui concernent les sens, comme ne faisant qu'un. Le vocabulaire touchant à la peinture est d'ailleurs explicite : ne parle-t-on pas de sonorité des couleurs, d'accords chromatiques, de compositions, de dissonances et d'harmonie ? Les découvertes scientifiques permettaient de croire à des points communs entre les ondes électromagnétiques de la couleur et les ondes sonores. L'art abstrait ouvrit de nombreuses perspectives, car il permettait de visualiser sans apports figuratifs des expériences et une démarche en rapport avec la synesthésie.

Luigi Russolo est avec Carlo Carrà l'artiste futuriste qui s'est confronté aussi intensément à la peinture qu'à la musique. Carrà écrit en 1913 le manifeste « La peinture des sons, des bruits, des odeurs » et y décline le principe futuriste de la simultanéité – le synchronisme d'impressions diverses – pour les sens visuel, acoustique et olfactif. La même année Russolo cesse complètement de peindre et ce jusqu'à la fin des années 1920.

Il porte maintenant toute son attention sur l'univers des sons et invente à l'aide de ses machines à faire du bruit, les intonarumori, la musique bruitée qui représente la contribution remarquable du futurisme à l'histoire de la musique du XXe siècle. À la fin des années 1940, des représentants de la musique concrète utiliseront à leur tour des bruits et des sons qui trouvent leur origine dans le monde réel et feront ainsi évoluer les idées futuristes.

Tout en peignant *La Musique (La musica)* en 1911, Russolo étudie avec passion un univers sonore dans lequel les couleurs et les sons entrent en symbiose. En 1920, l'artiste décrypte rétrospectivement son tableau dans la revue *Poesia* : « Avec ce tableau l'artiste a tenté de transposer en peinture les impressions mélodiques, rythmiques, harmoniques, polyphones et chromatiques qui font toute la sensation musicale. » La bande sombre qui s'élève dans le tableau en serpentant montrerait le parcours de la ligne mélodique, et les masques sur lesquels on reconnaît des expressions animées seraient les accords harmoniques ou complémentaires. Russolo s'approche de la musique au moyen de la visualisation symbolique d'une expérience de sonorité chromatique et de la personnification des sons.

En représentant un piano qui recouvre toute la largeur du bord inférieur du tableau et du pianiste, Russo intègre un élément mécanique dans le thème de sa musique en couleur. L'instrument, la couleur et les sons forment une unité causale. On tente effectivement depuis le XVIIIe siècle de relier la mélodie jouée au piano à des apparitions lumineuses colorées. Le compositeur russe Alexandre Scriabine (1872–1915), intéressé par le parallélisme des sons et des couleurs, envisage la création d'un clavier à lumière qui projetterait les couleurs du spectre, pour sa composition « Prométhée ou Le poème du feu » que l'on peut voir en 1911 à Moscou. Mais le projet ne sera réalisé qu'en 1915 à New York.

Les expressionnistes allemands, par exemple, la mentionneront dans l'almanach *Der Blaue Reiter* publié en 1912, et le *Prométhée* de Scriabine inspirera à Kandinsky sa pièce « Sonorité jaune » (« Der Gelbe Klang »). Mais on note aussi toute une série d'inventions dans ce domaine. Le peintre russe Vladimir Baranoff-Rossiné présente en 1923 à Moscou son piano optophonique, et en Allemagne le compositeur hongrois Alexander László présente son sonochromatoscope. *La Musique* de Russolo évoque ainsi ces instruments mariant le son et la lumière.

La Musique, 1911
Huile sur toile, 220 x 180 cm
Collection particulière

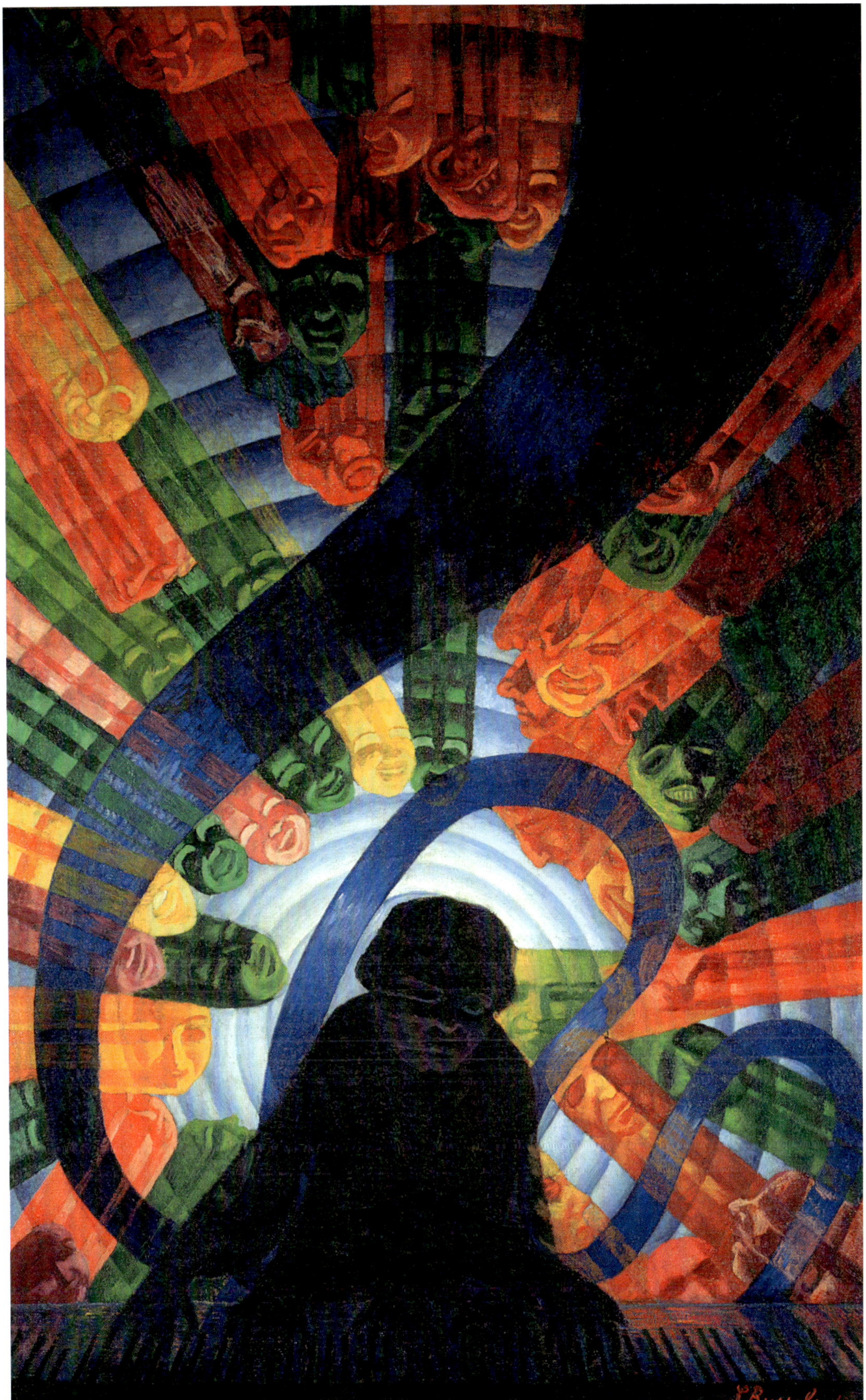

Luigi Russolo
La Révolte, 1911

« Si nos tableaux sont futuristes, c'est parce qu'ils sont le résultat d'idées éthiques, esthétiques, politiques et sociales qui sont complètement futuristes. »
— LES FUTURISTES

Russolo fait partie du groupe de futuristes milanais. Il a apposé sa signature en bas du premier manifeste des peintres futuristes et, jusqu'en 1913, il réalise de nombreux tableaux exaltant la machine et défendant les thèses de l'esthétique futuriste. En 1913, l'intérêt qu'il porte à la musique l'incitera à changer de voie et à travailler avec des sons et des bruits. Les tableaux futuristes peints par l'artiste révèlent déjà son amour de la musique. Plus que ses homologues italiens, il se concentre sur le son puissant, orchestral, de couleurs moins nombreuses et plus vives. Les compositions de Russolo provoquent des sensations relevant de la synesthésie en ce qu'elles lient l'expérience visuelle et l'expérience acoustique.

La Révolte (La rivolta), une des œuvres futuristes des débuts, a encore pour sujet la réalité politique italienne de l'époque. Russolo vit depuis 1901 à Milan qui est une ville prospère. Comme Umberto Boccioni et Carlo Carrà, il assiste aux soulèvements des travailleurs, aux désordres et aux injustices qui découlent des tensions existant entre l'industrie en plein essor et les structures sociales sclérosées.

En peignant *La Révolte*, le futuriste fait en quelque sorte un grand écart artistique entre l'utopie et la réalité. Il met en évidence tous les aspects du phénomène du soulèvement qui peuvent nourrir l'esthétique futuriste. Sa toile ne traite pas des abus sociaux et de la misère des ouvriers, mais de la puissance du prolétariat et de l'éruption de la violence. Des couleurs vives appliquées avec une simplicité hardie génèrent une ambiance agressive. Le rouge et le bleu créent le contraste le plus puissant que vient encore intensifier un jaune criard. Des touches de vert adoucissent un peu cette triple sonorité.

La foule en furie est représentée sous la forme d'un triangle rouge avec des avancées rouges elles aussi. Venant de droite, elle se précipite dans les ruelles, entre les maisons qui se penchent déjà devant les masses en mouvement. L'homme n'est pas représenté comme un individu mais reproduit d'innombrables fois sous forme stylisée. Tous ensemble, ils forment une force qui avance à intervalles réguliers sous la forme de « vagues » pointues de couleur rouge. Ces « lignes-forces », c'est le terme employé par Boccioni pour désigner des formes-couleurs indiquant la direction des objets emportés par leur mouvement, représentent en quelque sorte l'énergie vibrante de cette foule belliqueuse et prête à la violence, qui emplit toute la scène urbaine.

Cet abrègement de la forme, qui se manifeste surtout dans l'angle semblable à une tête de flèche, différencie clairement l'idée artistique que se fait Russolo d'une révolte de représentations comparables des autres peintres futuristes italiens. Le tableau *Funérailles de l'anarchiste Galli* de Carrà et les études de Boccioni portant sur une *Rixe* réalisés aussi en 1911 traduisent aussi l'énergie d'une foule surexcitée en une métaphore de la force. Mais ils ne donnent pas l'orientation dominante de la poussée, privilégiant la méthode picturale futuriste de l'interpénétration en faisant fusionner tous les éléments de la scène. Ils créent ainsi une composition dont il est impossible de démêler les éléments et qui éveille, au-delà de l'aspect dynamique, l'impression de situation anarchique et chaotique. Russolo a renoncé à ces composantes de la révolte. Sa syntaxe picturale est claire et ordonnée. Il nous semble même entendre de la musique derrière ces gens qui partent au combat.

La Révolte, 1911
Huile sur toile, 150 x 230 cm
La Haye, Gemeentemuseum Den Haag

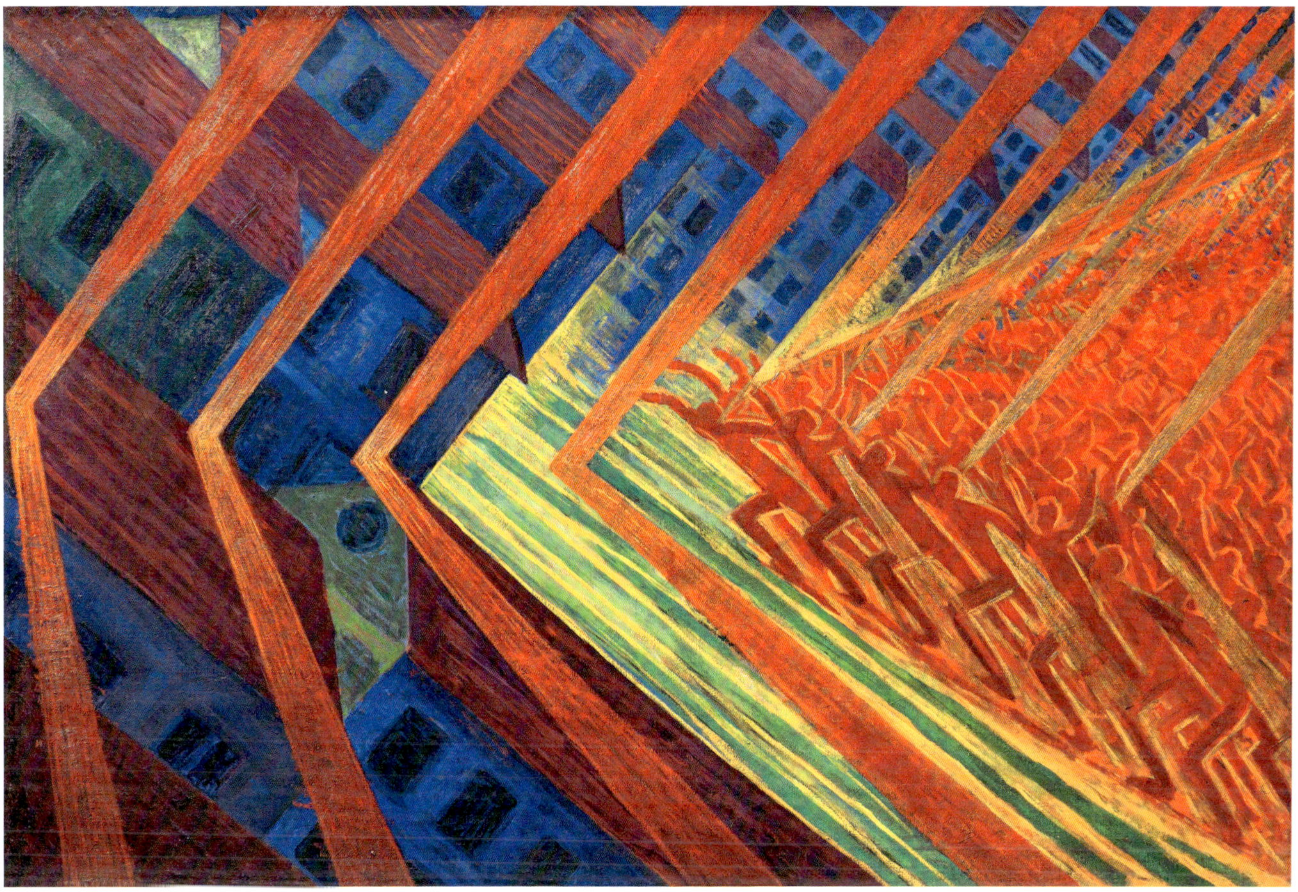

Luigi Russolo

Synthèse plastique des mouvements d'une femme, 1912

Synthèse plastique des mouvements d'une femme (Dinamismo plastico di movimenti simultanei di donna) évoque une scène nocturne qui montrerait une silhouette féminine mystérieuse errant dans une obscurité romantique et mystique. Si d'autres peintres futuristes, Umberto Boccioni par exemple, présentent volontiers l'animation qui règne la nuit en ville dans une salle de bal ou sous la lumière éclatante d'ampoules électriques, Russolo semble l'étudier dans l'espace public, dans la rue où une pauvre lumière artificielle marque les contours des gens et des choses.

Au centre de son tableau, le peintre montre une femme stylisée dont la silhouette se déploie en éventail à cause de l'explosion de la forme et de la multiplication de membres isolés comme la tête et les jambes. La figure aux tons bleu-noir se découpe sur un fond blanc jaunâtre qui la fait aussi plonger dans une obscurité croissante. Le personnage est-il fixé dans la marche mécanique qui est pour les futuristes une des méthodes susceptibles de représenter le dynamisme ? On l'ignore. La femme tient un livre dans ses mains, et le fait qu'elle lise indique qu'elle n'est pas nécessairement en mouvement. Il est impossible de la situer dans un endroit réel, elle se fond avec l'espace ambiant qui n'est défini que par la répartition de parties claires et sombres.

Pour obtenir une telle décomposition surréelle sur le plan plastique, Russolo réduit sa palette jusqu'à ne plus garder pratiquement que des tons de jaune et de bleu violacé. Ils génèrent aussi bien un contraste entre le froid et le chaud qu'un contraste complémentaire. Pour les futuristes, celui-ci est important pour créer des états dynamiques. « Il n'y a donc ni jaune ni violet », écrit ainsi Umberto Boccioni en 1914 dans *Dynamisme plastique, peinture et sculpture futuristes*, « mais seulement le contraste qui en résulte, qui forme une individualité chromatique instable et à la fois aussi établie. Ce complémentarisme ne s'extériorisera pas en points, virgules et traits donc n'apparaîtra pas avec les moyens qui ont été conçus pour obtenir une ressemblance objective, mais avec des masses, des zones et des formes aux couleurs complémentaires ». Boccioni mentionne aussi une « forme-lumière » générée par la relation indissoluble entre la lumière et l'ombre.

La couleur remplit une fonction concrète pour les futuristes. Ses normes visuelles engendrent des effets définis. Les couleurs pures recèlent une agressivité qui représente pour les artistes un moyen de se révolter contre les traditions dépassées.

À cette époque où l'art moderne prend son essor, les artistes prêtent aux couleurs une signification symbolique. De par son affinité avec la musique, Vassili Kandinsky est peut-être le plus proche de la sensibilité artistique de Russolo qui se consacrera à la musique en 1913. Dans son ouvrage *Du spirituel dans l'art*, publié en 1911, Kandinsky caractérise le jaune de couleur typiquement terrestre et le bleu de couleur typiquement céleste. Ce symbolisme vise à montrer les qualités spirituelles et matérielles de ses tableaux, mais il correspond aussi au jeu surréel de formes et de couleurs créé par Russolo, et qui se développe entre le jaune et le bleu indigo, la lumière et l'ombre, l'homme et l'espace, le ciel et la Terre.

Synthèse plastique des mouvements d'une femme, 1912
Huile sur toile, 85,5 x 65 cm
Musée de Grenoble

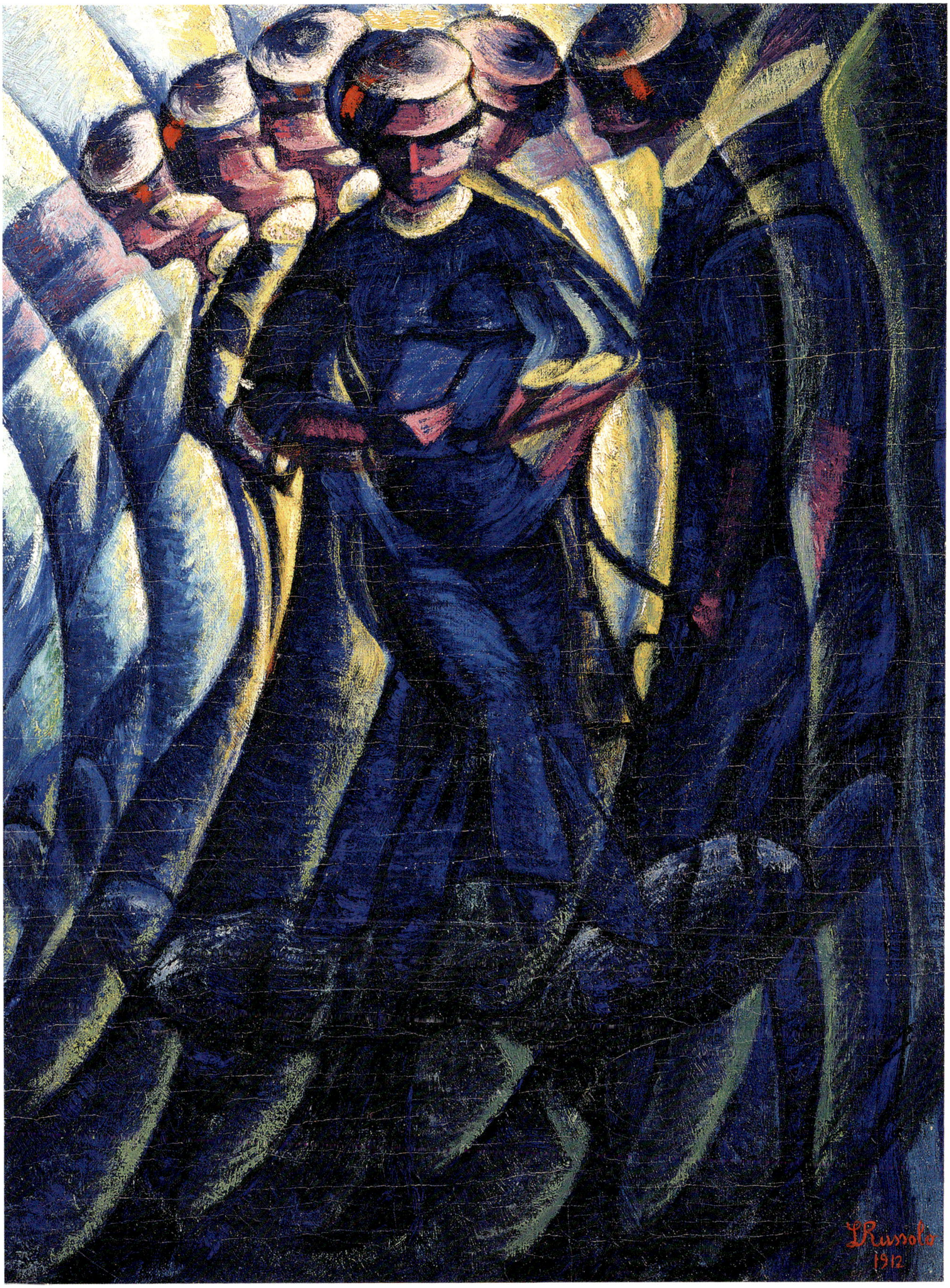
L Russolo
1912

Antonio Sant'Elia

Centrale électrique, 1914

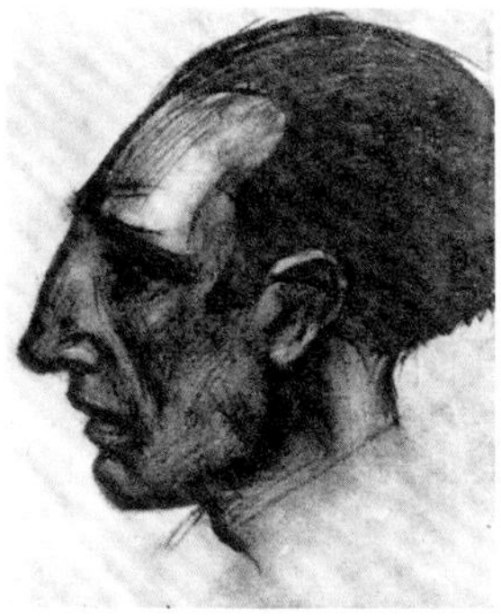

* 1888 à Côme
† 1916 à Monfalcone

Antonio Sant'Elia est l'architecte majeur du mouvement futuriste. Il ne rejoint l'avant-garde italienne qu'en 1914. En 1915, il s'engage comme volontaire lors de la Première Guerre mondiale et est mortellement blessé en 1916. Si brève que soit sa période d'activité au sein du mouvement, ses projets sont devenus le symbole d'une architecture de demain où le progrès technologique et la conscience de la forme dynamique forment une synthèse visionnaire.

Dans son manifeste « L'Architettura futurista » (L'architecture futuriste), rédigé par Filippo Tommaso Marinetti et qui paraît le 1er août 1914 dans la revue *Lacerba*, Sant'Elia annonce une nouvelle conception de l'architecture immobilière et urbaine dans le sens du futurisme. Il demande l'utilisation de nouveaux matériaux tels le béton armé et le fer, dévalorise toute forme de décoration et défend la brièveté d'existence des bâtiments. Pour lui la maison est une machine et la ville un gigantesque chantier. « Nous avons », écrit Sant'Elia, « perdu le sens du monumental, du lourd, du statique et satisfait notre sensibilité avec le sens de la légèreté, du pratique, de l'éphémère et du rapide ».

Mais l'architecte ne peut concrétiser ses idées que dans ses dessins. Il faudra attendre les années 1960, une époque durant laquelle les architectes ou groupes d'architectes tels Archigram, Hans Hollein ou Raimund Abraham s'inspirent d'une construction futuriste et anticipatrice et la réinterprètent, pour que soient remplies les conditions techniques et sociales qui rendent possibles une réalisation partielle de ses plans.

La *Centrale électrique (Centrale elettrica)* de Sant'Elia glorifie avec une grande force d'expression l'essence dynamique du bâtiment. Comme dans presque tous ses autres dessins, il s'agit d'un croquis agencé en tableau et non d'un plan de construction précis. Des câbles électriques, des tours, des piliers et des éléments de conduction tendent la centrale électrique dans un réseau de lignes et de volumes qui s'élancent vers les hauteurs. Contemplé en contre-plongée, le complexe s'étire vers le ciel avec ses éléments verticaux et obliques placés devant un mur de barrage. C'est le contraste entre les parties de construction horizontales et verticales qui donne à l'architecture son aspect dynamique.

À côté de la gare ou de l'aéroport, la centrale électrique est l'un des points nodaux énergétiques que Sant'Elia détache du contexte urbain. La ville industrielle technocratique en plein essor est le point de départ et le sommet de la philosophie des artistes futuristes, et les projets de Sant'Elia débouchent eux aussi sur une grande vision de la ville : La città nuova. En raison de l'industrialisation galopante, les architectes du monde entier s'efforcent depuis le début du XIXe siècle de réformer ou de systématiser l'agencement des villes. L'éventail des modèles utopiques va de l'architecture révolutionnaire du Français Étienne-Louis Boullée (1728–1799) aux projets du mouvement anglais Arts and Crafts qui sont basés sur des théories de John Ruskin et de William Morris. Un programme de construction urbaine de ce genre a été réalisé, comme les grands travaux entrepris par Georges Eugène Haussmann vers 1900 à Paris. Ses interventions massives (démolitions, aménagement de nouveaux quartiers) combattent le développement sauvage de la structure médiévale de la métropole française. Des approches similaires existent en Italie, surtout à Rome et Florence. La plupart du temps règne une compréhension traditionnelle de l'architecture et de la construction urbaine, ainsi que le montre le monument à *Victor-Emmanuel II*, construit de 1885 à 1911 dans un style éclectique et longtemps surnommé « la machine à écrire » ou « le gros gâteau ». Il faudra attendre les années 1930 pour qu'apparaisse en Italie, surtout au nord, une architecture moderne portée par un rationalisme que favorise le régime fasciste. En témoignent les gares de Florence (Santa Maria Novella, 1935 de Giovanni Michelucci) et Rome (Stazione Termini, 1938 d'Angelo Mazzoni).

Centrale électrique, 1914
Encre de Chine et mine de plomb sur papier, 31 x 20,5 cm
Collection particulière

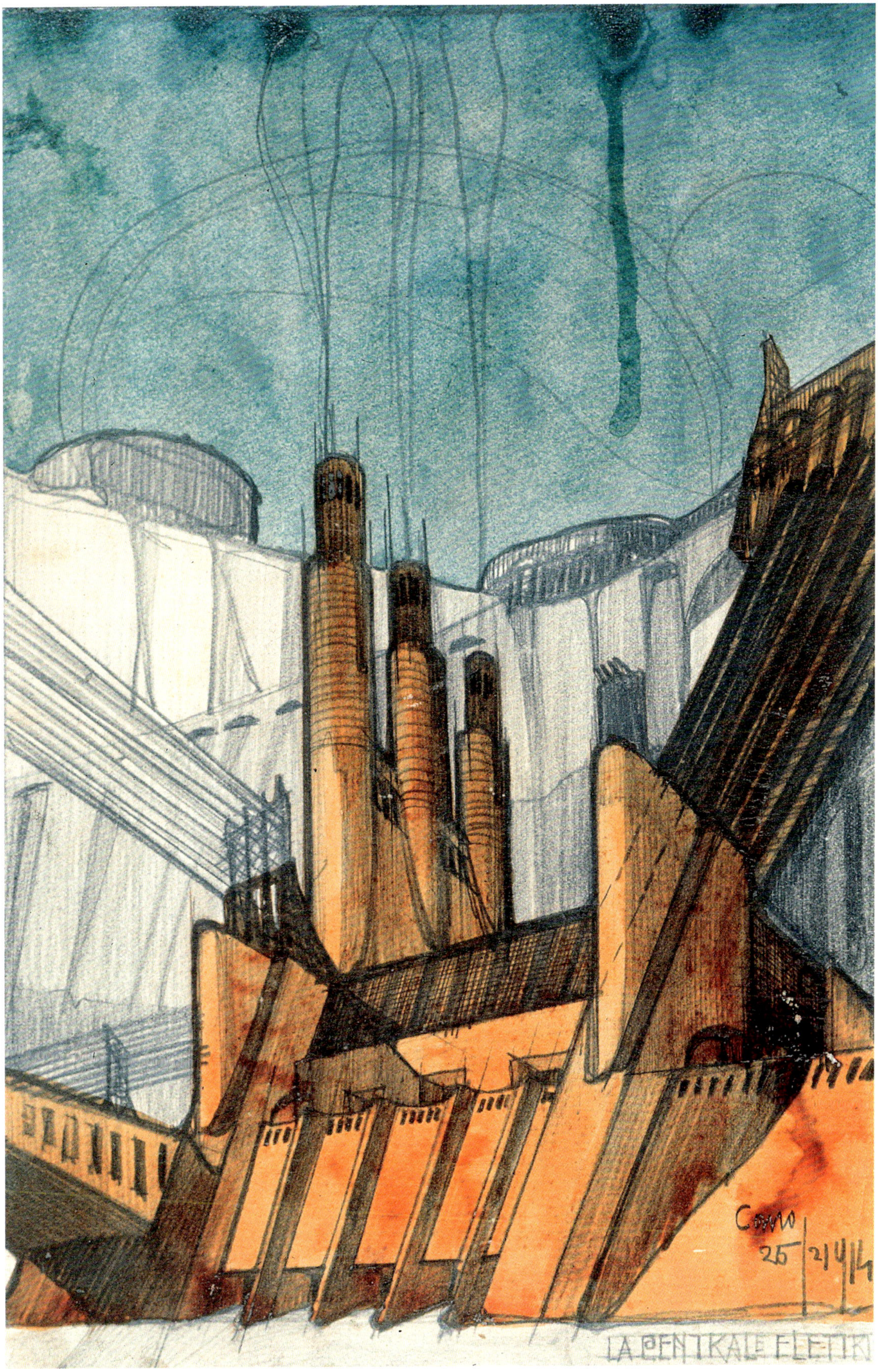
Como
25/2/4/14
LA CENTRALE ELETTRI

Gino Severini

Danseuse bleue, 1912

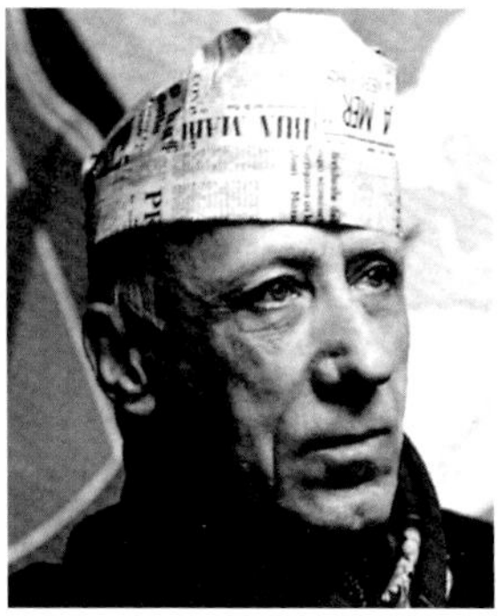

* 1883 à Cortone
† 1966 à Paris

Danseuse bleue est une œuvre maîtresse de Gino Severini dont de nombreux tableaux ont pour thème le monde du théâtre et de la danse et la vie nocturne dans la métropole. Les impressions de ballet d'Edgar Degas et les études de milieu d'Henri de Tolouse-Lautrec sont remplacées ici par une vision futuriste qui, dans le cas de Severini, est impensable sans l'influence des cubistes français Pablo Picasso et Georges Braque.

Contrairement à ses scènes de bal dans lesquelles l'animation turbulente des figures se déploie comme une énergie non orientée sur toute la surface picturale en une sorte de structure all-over, Severini se concentre ici sur un seul personnage. Il réduit sa palette jusqu'à ce qu'il ne subsiste que des tons bleus et blanc grisâtre et fonde la composition sur un triangle dont le sommet se trouve dans la tête de la danseuse et la base dans sa robe à volants déployée. Dans ce quart inférieur du tableau, la figure éclate en innombrables segments formels qui, à l'aide de figures géométriques – arcs, angles, paraboles –, génèrent des micro-états dynamiques. Des passages de couleur marient le personnage et l'arrière-plan. Des parties de la silhouette féminine comme les bras et la tête apparaissent démultipliés et vus sous une autre perspective. De rares personnages et accessoires indiquent où se déroule la scène.

Severini utilise parfaitement les méthodes que préconise l'esthétique futuriste pour représenter sur la toile la danse et l'énergie qui s'en dégage. L'animation du mouvement est cependant contrecarrée par l'aspect fixe de la composition en triangle et la répartition en aplats de deux valeurs chromatiques. Le peintre évite les contrastes de couleur durs qui prêteraient au tableau une énergétique trop dense. Selon Vassili Kandinsky qui avait publié en 1911 à Munich *Du spirituel dans l'art*, le triangle est une représentation schématique correcte de la vie psychique. Il pense par ailleurs que le bleu correspond à la spiritualité, opinion que partage Franz Marc, son ami et protagoniste au sein du Blauer Reiter.

Si l'on garde présent à l'esprit ce symbolisme bien connu à l'époque, le jeu des couleurs et des formes de Severini peut connaître une interprétation plus vaste. En réalisant *Danseuse bleue*, l'artiste s'aventure dans des domaines spirituels et transforme le simple mouvement dansant en un événement transcendantal, le dynamisme universel, dans lequel tous les sens se mêlent. Severini pousse cet aspect à son paroxysme en intégrant à son tableau des paillettes qui renforcent l'impression de dématérialisation et de spiritualité.

L'apparition de la technique du collage chez les cubistes ouvre largement les possibilités formelles de l'art. Les futuristes s'emparent immédiatement de l'idée, ainsi Umberto Boccioni intègre en 1912/13 un fragment d'encadrement de fenêtre dans sa sculpture *Fusion d'une tête et d'une fenêtre*. En outre, au cours d'une conversation, Guillaume Apollinaire qui était aussi critique d'art avait attiré l'attention de Severini sur les maîtres italiens anciens qui intégraient des objets réels tels des clés ou des pierres précieuses dans leurs représentations de saints. L'artiste s'en est inspiré, à l'encontre de l'idéologie futuriste qui veut jeter les traditions par-dessus bord.

Danseuse bleue, 1912
Huile sur toile avec des paillettes, 61 x 46 cm
Venise, Collezione Gianni Mattioli, Peggy Guggenheim Collection – The Solomon R. Guggenheim Foundation, New York

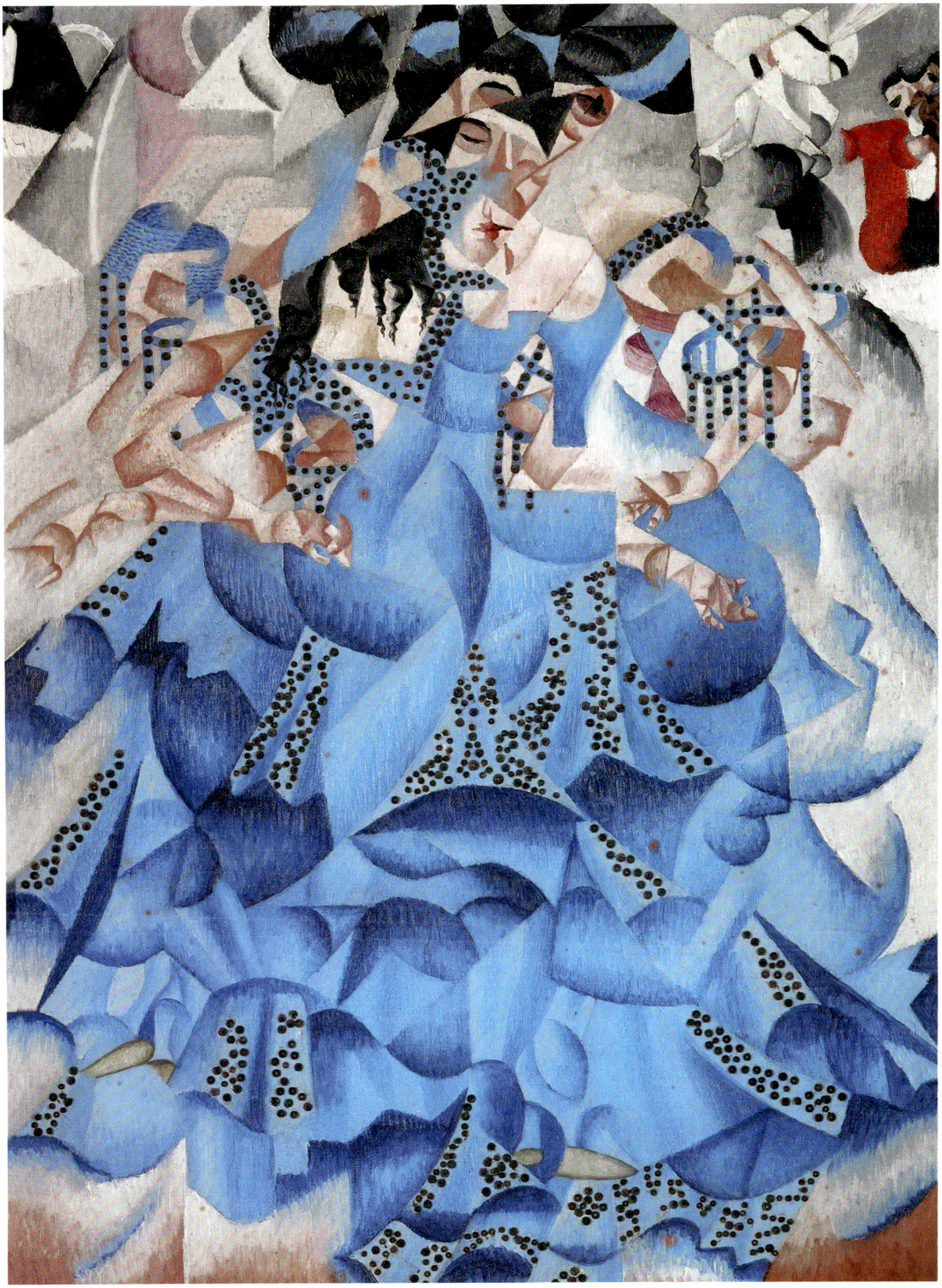

Gino Severini

Autoportrait, 1912

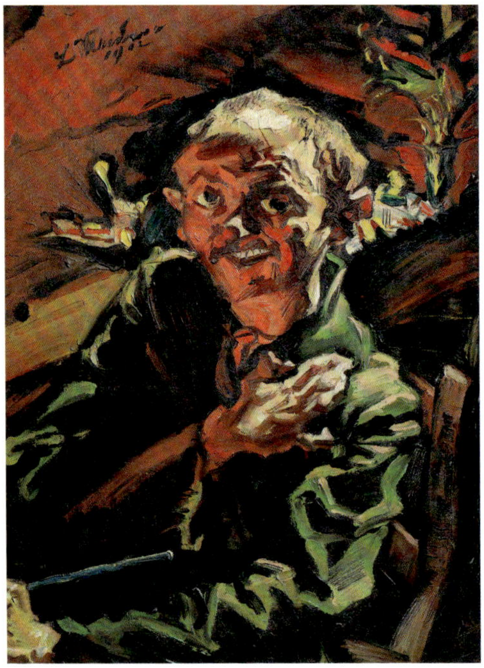

Ludwig Meidner
Autoportrait, 1912
Huile sur toile, 78,5 x 60 cm
Darmstadt, Hessisches Landesmuseum

Severini qui vit à Montmartre depuis 1906 a beau avoir des échanges animés avec les cercles artistiques parisiens, surtout avec les cubistes, il n'en est pas moins un futuriste pur et dur. Dans son manifeste publié en 1913 «Analogie plastique du dynamisme», il médite une fois encore sur des points essentiels du programme futuriste : il voit dans le principe de la simultanéité, du synchronisme des diverses sensations que laissent les bruits, les odeurs, les sons, la température ou la vitesse, le moyen adéquat pour traduire de manière appropriée sur le plan artistique la réalité transformée par le progrès technique. Mais on peut lire aussi dans son ouvrage : « Nous devons donc, comme nous l'avons fait dans notre premier manifeste de la peinture futuriste avec le nu, éliminer le corps humain, les natures mortes et les paysages comme centres d'émotion. » Pour Severini, l'homme n'est digne d'être représenté que s'il apparaît dans un contexte : « Avion en vol + homme + paysage. »

Comment appréhender un autoportrait futuriste sous ces prémisses ? Le portrait, et surtout l'autoportrait, occupe effectivement un rang plutôt marginal dans l'art futuriste. Boccioni fera poser sa mère pour quelques tableaux et aussi une sculpture, exemplifiant à partir de son apparence des phénomènes élémentaires tels la « matière » ou des « volumes horizontaux ». Quant aux cubistes, dont Severini connaissait bien les travaux, ils utilisent le corps humain et aussi le portrait pour décliner leurs conceptions esthétiques. Il existe des autoportraits de Juan Gris ou de l'orphiste Robert Delaunay, et dans de nombreux tableaux, dessins et sculptures, les jeunes avant-gardistes français se concentrent sur la tête humaine qui reste cependant le plus souvent anonyme. En fait, les expressionnistes allemands Max Beckmann, Ludwig Meidner, Ernst Ludwig Kirchner et de nombreux autres artistes sont les seuls à avoir pris pour sujet et analysé leur propre moi sur le plan plastique. Dans leur dialogue avec eux-mêmes, ils posent la question du rôle de l'artiste dans la société, de leur propre état d'âme et de leur potentiel créatif.

C'est dans ce contexte historique que l'*Autoportrait (Autoritratto)* de Severini voit le jour en 1912. C'est un portrait en buste vu de trois-quarts de l'artiste en costume-cravate bourgeois, portant un chapeau et des lunettes. Le visage surtout est montré en nombreuses facettes : des détails de la physionomie, le nez et l'œil par exemple, sont multipliés, et l'angle de vision change sans cesse. Il n'existe aucune indication sur un endroit concret ou une période définie. Le futuriste Severini n'intègre pas son portrait à un champ de force dynamique ainsi qu'il le pratique avec ses nombreuses figures féminines issues du monde du théâtre ou du ballet. Il se concentre sur son propre moi, ce moi que le futurisme, du moins théoriquement, a placé au centre de l'intérêt.

Avec son œil gauche, un des rares éléments du visage qui semble intact et qui se détache pour cette raison de la composition fragmentée, Severini établit explicitement un lien mental avec son moi intérieur. Le regard pénétrant que l'artiste fixe sur lui-même fait que cet autoportrait, tout magistral qu'il soit sur le plan formel, apparaît comme un autoquestionnement. Il témoigne de la distanciation critique et réflexive dont l'artiste fait preuve envers sa personne et son œuvre.

Autoportrait, 1912
Huile sur toile, 55 x 45 cm
Collection particulière

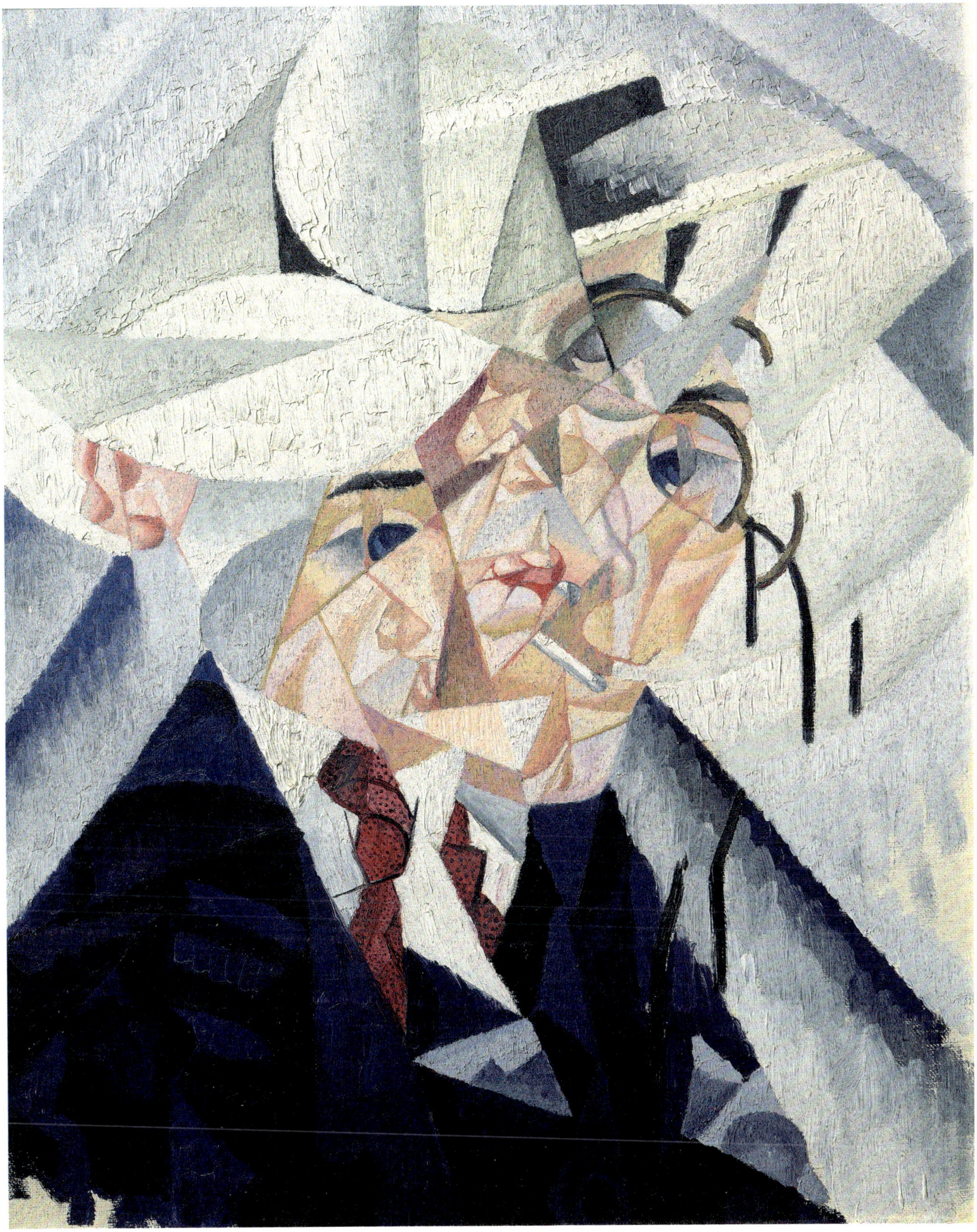

Gino Severini

Expansion sphérique de la lumière (centrifuge), 1913/14

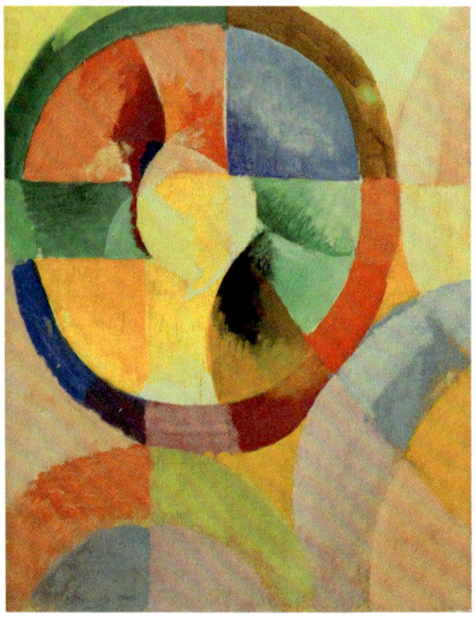

Robert Delaunay
Formes circulaires, 1912
Détrempe et huile sur toile, 65 x 54 cm
Berne, Kunstmuseum Bern

Une des particularités du futurisme est que presque tous ses représentants ont fixé leurs options artistiques théoriques sous forme de manifestes. La théorie et la pratique y dépendent l'une de l'autre plus que dans aucun autre mouvement artistique moderne. Umberto Boccioni, par exemple, élabore dans ses traités des notions essentielles pour tout le mouvement : le dynamisme universel, dans lequel la réalité est composée de mouvements qui s'interpénètrent, et le simultanéisme sont des standards de la théorie artistique futuriste.

Gino Severini s'établit en 1906 à Paris et, hormis de brefs séjours, il ne reviendra en Italie qu'en 1934. Il connaît bien les idées des artistes français tels Robert Delaunay, Georges Braque ou Albert Gleizes qui font de Paris le plus grand centre européen de la production artistique au début du XXe siècle. On assiste ici à l'avènement de forces qui se dirigent à grands pas vers une conception abstraite de l'art. Robert Delaunay, issu du cubisme et qui fonde l'orphisme en 1912, crée ses *Fenêtres* et ses *Disques simultanés*. Pour Guillaume Apollinaire qui admire ses tableaux, ceux-ci sont de la « peinture pure ». À la même époque des artistes comme Vassili Kandinsky et Kasimir Malevitch formulent d'autres modèles picturaux et cosmologiques non figuratifs. Severini se joint à eux. Dans son manifeste « Analogie plastiche del dinamismo » (Analogie plastique du dynamisme) de 1913, il s'appuie sur les idées de Boccioni et explique que certaines couleurs et certaines formes communiquent diverses impressions et éveillent divers souvenirs. La même constellation de couleurs et de formes pourrait exprimer et provoquer les mêmes sensations qu'un transatlantique ou que les Galeries Lafayette. Il désigne ce processus sous le nom d'« analogie plastique ». Dès lors, les objets ne sont plus nécessaires en tant que supports d'information. En partant de ce principe, Severini définit une analogie de la forme et de la couleur. Ce faisant, il considère la couleur surtout comme une couleur-lumière composée de tonalités spectrales. À cette époque Severini connaît les *Compénétrations iridescentes* de Giacomo Balla, avec lesquelles celui-ci a mis au point dès 1912 un ordonnancement schématique de couleurs-lumière. Severini est tout aussi familiarisé avec les couleurs spectrales qu'utilisaient les néo-impressionnistes français.

Ces influences se déversent dans les compositions sphériques abstraites réalisées en 1913/14 et dont fait aussi partie *Expansion sphérique de la lumière (centrifuge)*. Dans son manifeste l'artiste livre un exemple idéal de la manière dont une « expansion sphérique » peut effectivement s'articuler dans le tableau : « Si le centre d'un groupe de formes est jaune, les couleurs se suivent vers l'espace d'analogie en analogie de couleur jusqu'à son bleu complémentaire, et si nécessaire, au noir, l'absence de lumière, et vice versa. Évidemment, dans un seul et même tableau ou complexe plastique, plusieurs noyaux centrifuges ou centripètes peuvent se trouver en concurrence dynamique simultanée. »

Expansion sphérique de la lumière (centrifuge) semble pratiquement illustrer l'exposé théorique de Severini. Le tableau montre une composition de couleurs-lumière rythmique et vibrante, dans laquelle des arcs, des angles, des surfaces et des volumes se font face de manière complémentaire. À partir d'un centre blanc jaunâtre, le spectre se développe jusqu'aux bords du tableau, avec sa suite de couleurs passant du jaune à l'orange, au pourpre, au vert bleuâtre, au bleu et à l'indigo. Le blanc et le noir enserrent le passage coloré spectral. Severini marie ici deux approches artistiques : il suit des normes visuelles tout en redéfinissant l'idée directrice futuriste de la pénétration universelle sur un plan abstrait.

Expansion sphérique de la lumière (centrifuge), 1913/14
Huile sur toile, 62 x 50 cm
Collection particulière

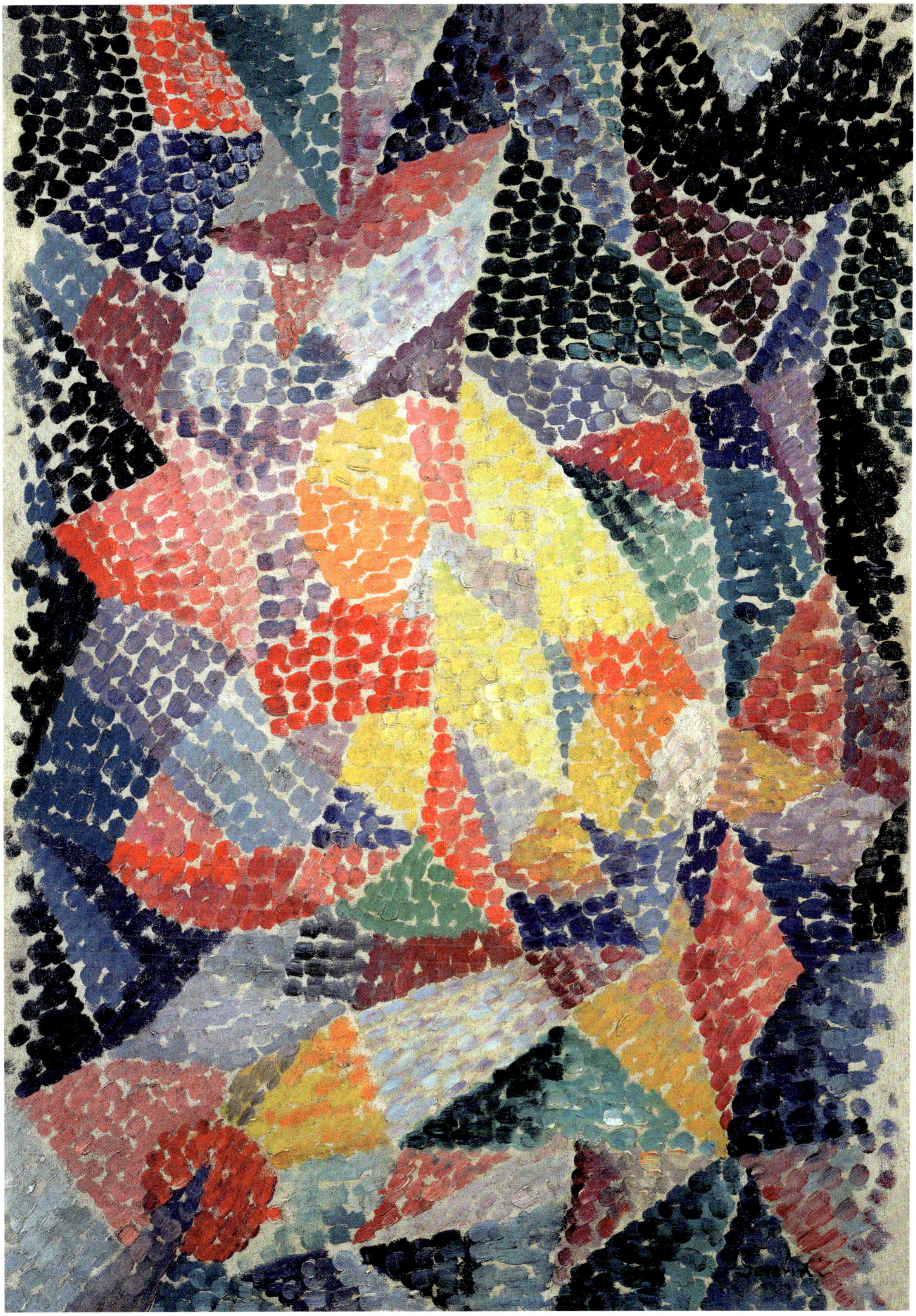

Gino Severini

Train de la Croix Rouge traversant un village, 1915

L'Italie déclare la guerre à l'Autriche-Hongrie en mai 1915 et l'année suivante à l'Allemagne. Les artistes futuristes, et surtout Filippo Tommaso Marinetti, n'ont pas seulement appelé cet événement de leurs vœux, ils l'ont demandé dans leurs slogans, leurs manifestes et leur art. La glorification de la violence et du combat traverse comme un fil rouge le mouvement qui atteint l'un de ses objectifs lorsque l'Italie entre en guerre.

Presque tous les artistes futuristes – le poète et romancier Aldo Palazzeschi (1885–1974) est l'une des exceptions – ont voué un véritable culte à la guerre et ses effets. On note dans leurs œuvres quelques motifs récurrents comme le train blindé ou les lanciers italiens ; les artistes propagent avec celui-ci l'idée du guerrier intrépide sur son cheval, un idéal qui ne correspond plus au caractère hautement technologique de la Première Guerre mondiale.

Dans une lettre du 20 novembre 1914, Marinetti avait indiqué à Gino Severini vivant à Paris, une stratégie susceptible de traduire une peinture de guerre adéquate : « Boccioni et Carrà sont d'accord avec moi et croient que d'immenses nouveautés artistiques sont possibles. Nous te sommons donc de t'intéresser à la guerre et à son écho à Paris. Essaie de vivre la guerre plastiquement, de l'étudier dans toutes ses formes mécaniques merveilleuses (convois militaires, fortifications, blessés, ambulances, hôpitaux, parade, etc.)… Tires-en un avantage, rejoins l'énorme émotion militaire antiteutonne qui embrase la France. »

Severini se trouve à Rome lorsque l'Italie entre en guerre. Il rentre immédiatement à Paris et peint une série de tableaux qui ont pour thème les aspects mécaniques de la guerre. En janvier 1916, l'artiste présente ces toiles à Paris sous le titre « Première exposition futuriste d'art et de guerre ». *Train de la Croix Rouge traversant un village* en fait partie et montre un train de ravitaillement arborant le drapeau tricolore français, qui traverse un joyeux paysage multicolore au bord d'une ville. Le train, les prairies, les champs, les maisons se décomposent en fragments géométriques cubiques et s'interpénètrent. Les façades traversent le train et les toitures des maisons font partie du nuage de vapeur que souffle la locomotive.

Sur le plan formel, Severini est à mi-chemin entre le langage futuriste et le langage cubiste. Le concept pictural cubo-futuriste, avec son caractère froid et analytique est à ce moment-là le style adéquat pour glorifier la guerre, une guerre aseptisée et irréelle.

On mesure vraiment l'idéalisme dont sont empreintes cette position et la peinture qui lui correspond si on compare Severini au réaliste Otto Dix qui avait lui aussi salué avec enthousiasme la Première Guerre mondiale. Avec une pointe de fascination, Dix déclarera plus tard : « La guerre était une chose abominable mais quand même énorme. Il ne fallait en aucun cas rater cela. Il faut avoir vu l'homme dans cet état de déchaînement pour le connaître. (…) C'est que la guerre a quelque chose de bestial : la famine, les poux, la boue, ces bruits effroyables… »

Son tableau disparu *Tranchées*, peint en 1923 et dont les couleurs vives sont semblables à celles du train de la Croix-Rouge de Severini, montre l'horreur d'un champ de bataille réel et démontre avec sa structure chaotique les abîmes émotionnels que traversent les soldats. Le futurisme, lui, ne connaît que l'homme héroïque qui fonctionne comme une machine de guerre.

Train de la Croix Rouge traversant un village, 1915
Huile sur toile, 88,9 x 116,2 cm
New York, Solomon R. Guggenheim Museum

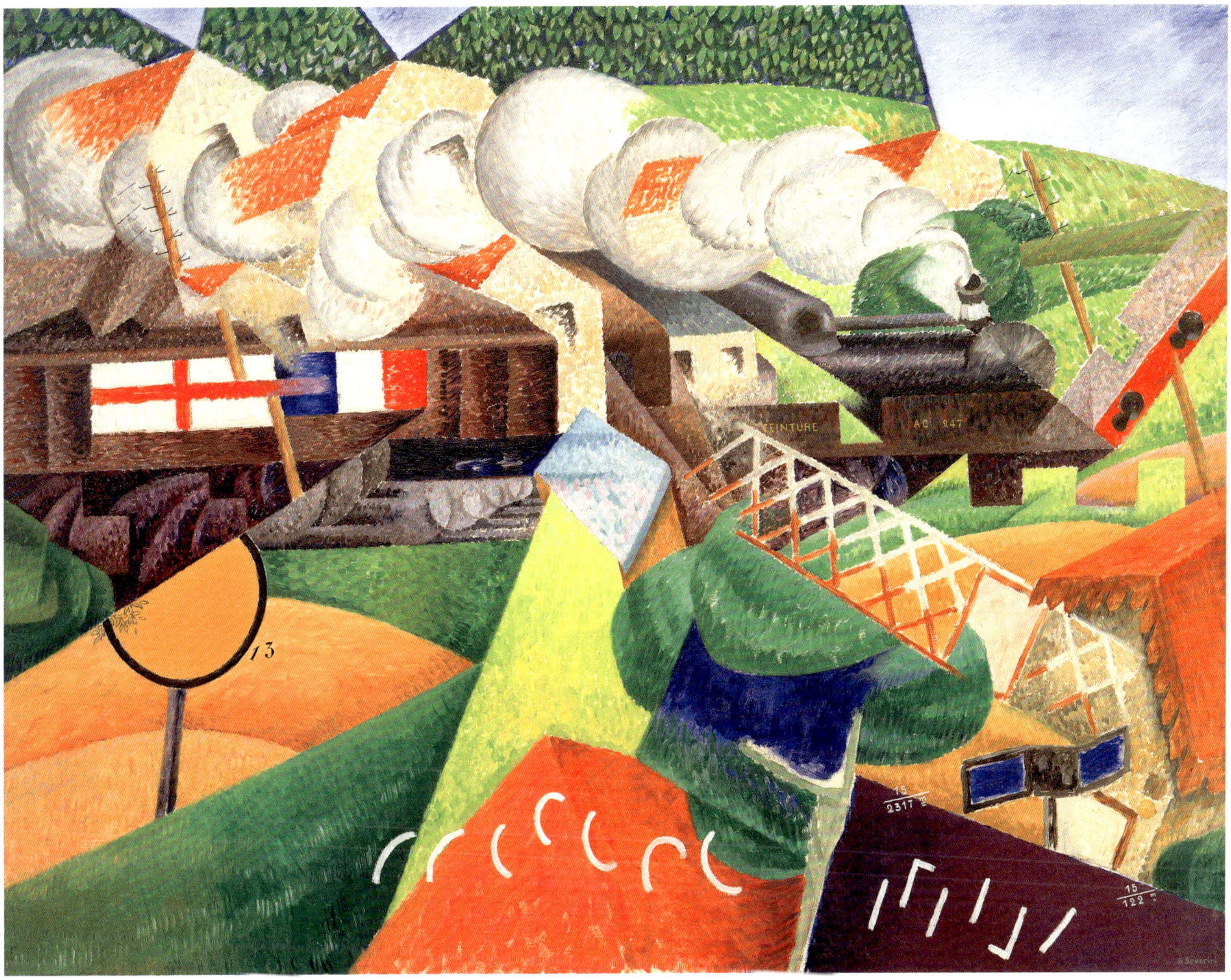
CEINTURE
AC 247
13

Mario Sironi

L'avion, 1916

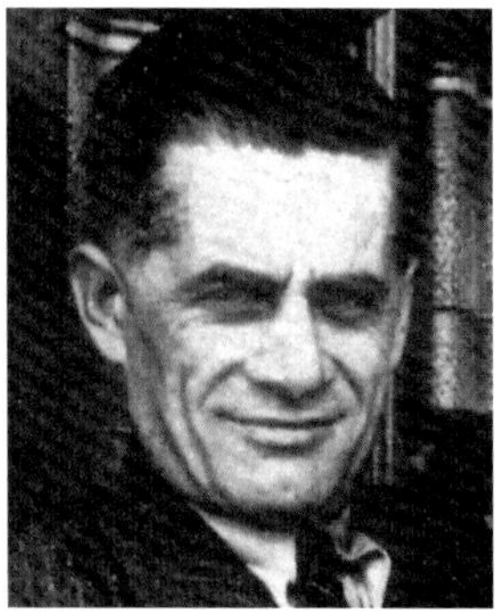

* 1885 à Sassari
† 1961 à Milan

« La chaleur d'un morceau de fer ou de bois est bien plus excitante pour nous que le sourire ou les larmes d'une femme. »
— FILIPPO TOMMASO MARINETTI

La biographie de Mario Sironi nous apprend que sa relation envers le futurisme est teintée d'indécision. À partir de 1908 et durant un long moment, il se concentre sur l'œuvre d'Umberto Boccioni avant de présenter 16 travaux à l'« exposition futuriste libre » du galeriste romain Giuseppe Sprovieri en 1914. Néanmoins, Filippo Tommaso Marinetti n'annoncera qu'un an plus tard l'adhésion du peintre au groupe futuriste milanais. Et puis, dès 1917/18, l'influence de la peinture métaphysique et de son langage magique tendant au classicisme apparaît dans l'œuvre de Mario Sironi.

Il n'empêche que la première exposition individuelle de l'artiste aura lieu en 1919 à la Casa d'arte Bragaglia à Rome – une des maisons futuristes qui existaient dans toute l'Italie et qui propageaient depuis la fin des années 1910 les idées du mouvement en offrant un programme culturel varié. Et de son côté, la revue *Valori Plastici*, l'organe le plus important de la peinture métaphysique, d'en publier une critique défavorable.

Ainsi tiraillé entre le futurisme et la peinture métaphysique, Sironi réalise le collage *L'avion (L'aeroplano)*. Celui-ci précède une série de paysages urbains créés vers 1912 et qui sont beaucoup plus proches sur le plan stylistique de la peinture métaphysique de Giorgio De Chirico que du futurisme. Sironi montre des décors urbains irréels, vides, aux teintes moroses, dans lesquels des cyclistes, des automobiles, des tramways et des objets volants se côtoient dans des scènes souvent surréelles. Ici par exemple un avion gigantesque peut s'écraser à côté d'un petit tramway. Les maisons et les machines sont en partie construites en couleur et en papier journal et semblent bizarrement irréelles.

Dans *Avion* de 1916, Sironi concentre son attention sur l'appareil qui donne son titre au collage. Nulle trace de structure urbaine ici, au contraire l'artiste déploie des surfaces peintes ou collées aux vives couleurs qui jouent l'une avec l'autre. Bien que réduit à quelques formes géométriques, le motif garde sa lisibilité. Vers 1915, s'inspirant du monde formel plastique de la machine, l'artiste avait déjà créé des compositions non figuratives multicolores, des *composizioni futuriste*. En réalisant *Avion*, il joint sa voix une fois encore au chœur euphorique des futuristes exaltant la machine. L'avion puissant s'élève avec virtuosité dans le ciel. Sironi renonce à illustrer ici les théories futuristes comme la simultanéité ou à représenter plastiquement le mouvement absolu ou relatif, notions qu'il connaissait pour avoir étudié l'œuvre de Boccioni.

Il construit de manière associative et ludique des plans et des couleurs, indiquant ainsi clairement son appartenance au second futurisme. Mais *Avion* ne représente qu'une brève excursion de Sironi dans le monde du futurisme tardif. En 1920, il rédigera avec Leonardo Dudreville, Achille Funi (1890–1972) et Luigi Russolo le manifeste « Contro tutti i ritorni in pittura » (Contre tout retour en peinture), qui réclame un style et une forme définitifs.

L'avion, 1916
Collage et détrempe sur papier,
72,5 x 55 cm
Collection particulière

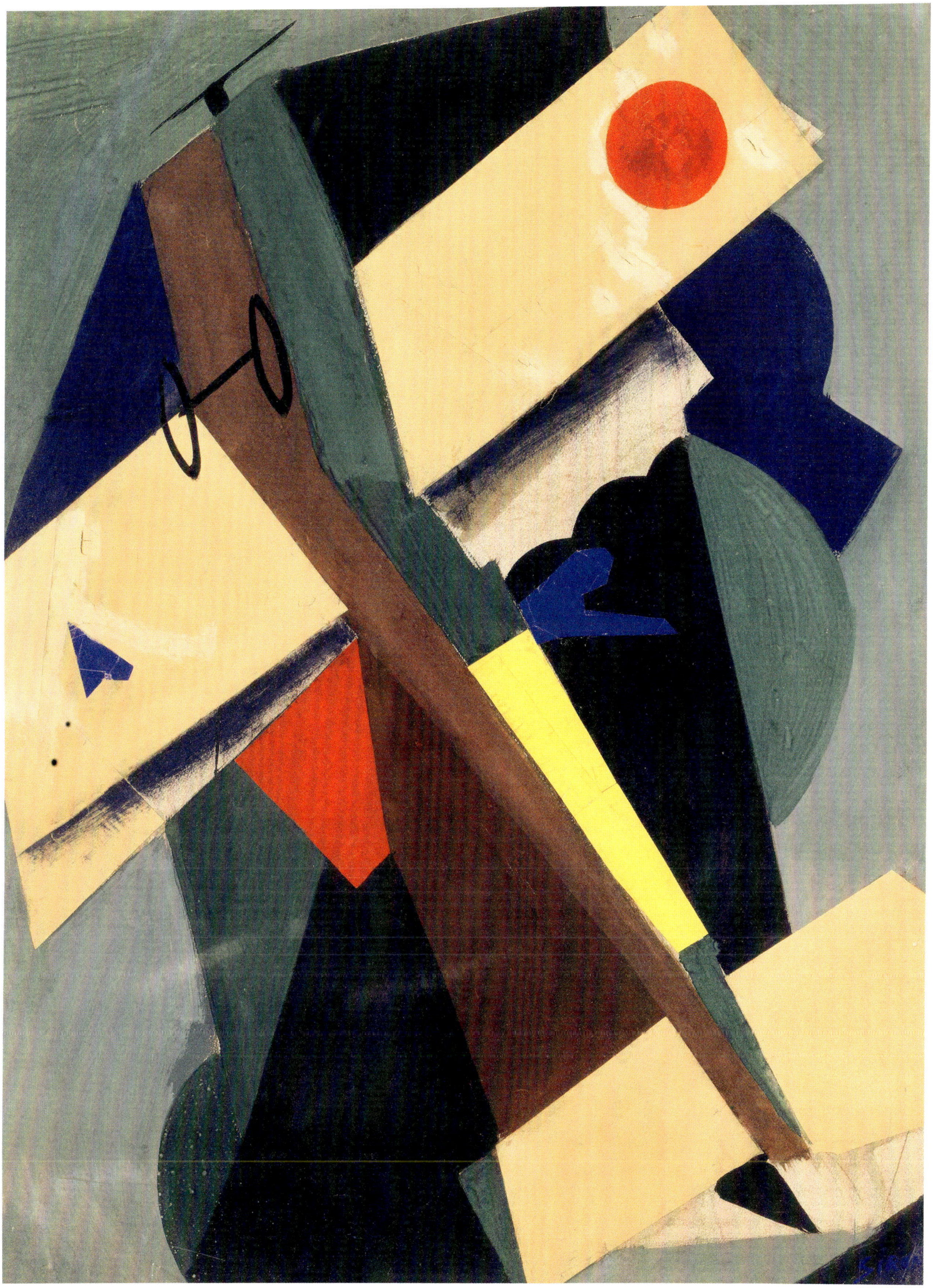

Ardengo Soffici
Composition avec « Lacerba », 1915

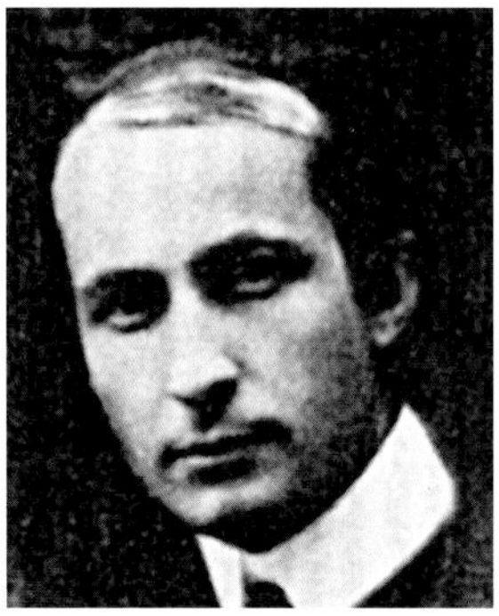

* 1879 à Rignano sull'Arno
† 1964 à Forte dei Marmi

Ardengo Soffici est l'une des figures majeures du cercle futuriste florentin regroupé autour des revues *La Voce* et *Lacerba* – deux des organes essentiels de l'avant-garde italienne. Les responsables de la rédaction restent cependant critiques à l'encontre du groupe milanais et de sa figure phare Filippo Tommaso Marinetti. Soffici travaille pour *La Voce* depuis sa création en 1908. Dans le cadre de cette activité, il se rend souvent à Paris et y découvre les tableaux des impressionnistes ainsi que des cubistes Pablo Picasso et Georges Braque. En 1911, Soffici écrit une critique incendiaire sur l'exposition de peinture futuriste qui se déroule alors à Venise. Boccioni, Carrà et Marinetti réagissent et demandent raison aux membres de la rédaction réunis au Caffè Giubbe Rosse à Florence.

La confrontation dégénère en bagarre, ce qui a l'avantage d'apaiser les esprits. Les futuristes de Milan et de Florence se rapprochent maintenant sur le plan artistique. La réconciliation de Soffici avec le futurisme a lieu au cours de l'année 1912 quand il rédige pour la première fois un article résolument positif sur le mouvement. Lorsque Soffici fonde avec Giovanni Papini (1881–1956) la revue *Lacerba* dont le premier numéro paraît le 1er janvier 1913 – ils ont tous deux quitté *La Voce* à cause de tensions dans l'équipe rédactionnelle –, le futurisme acquiert un nouveau lieu d'expression important. Carrà, Boccioni et Marinetti travaillent avec les responsables de *Lacerba* jusqu'à ce que de nouveaux conflits se dessinent en 1914.

L'autoritarisme de Marinetti et son futurisme orthodoxe sont responsables de la mauvaise ambiance dont est teintée la collaboration. En outre, Papini critique l'utilisation de matériaux étrangers à l'art, c'est-à-dire qu'il rejette fondamentalement le collage, qui connaît alors un sommet chez les futuristes, déclarant qu'il s'agit de « nature brute ». La revue *Lacerba* cessera finalement d'exister en 1915.

C'est dans l'ambiance des tensions réapparues au cours de l'année 1914 que Soffici réalise *Composition avec « Lacerba » (Composizione con « Lacerba »)* qui a pour thème l'existence même de la revue futuriste. Le sujet du tableau est insolite pour le futurisme une nature morte avec bouteille, poire, verre, table et le titre de la revue *Lacerba*. Le motif apparaît en partie éclaté, en partie composé de segments géometriques et d'éléments isolés comme la poire ou la bouteille. Sur le plan stylistique, il est plus proche du cubisme tardif que des œuvres futuristes de l'époque. *Pipe, verre, bouteille de Vieux-Marc* (Peggy Guggenheim Collection, Venise, 1914) de Picasso témoigne de cette parenté formelle et esthétique du tableau de Soffici avec le cubisme tout en signalant une différence essentielle. Picasso intègre à son collage composé de manière synthétique un morceau de la réalité « vraie » sous forme d'un extrait de la revue *Lacerba*.

Les cubistes se servent du collage pour varier en premier lieu les possibilités esthétiques formelles. Les futuristes l'utilisent consciemment comme un moyen de transporter un contenu. Ainsi, avec *Composition avec « Lacerba »* Soffici attire ostensiblement l'attention sur la situation difficile au sein de la revue. En même temps, l'artiste semble suivre ici l'exemple de son ami Papini en peignant le nom du journal et le papier sur lequel il se trouve. Il n'utilise pas de fragment de la réalité comme il le fait dans d'autres tableaux mais réduit ses formes vers l'abstraction. Le mot « Lacerba » n'apparaît même pas dans sa typographie courante. Soffici divise le nom en trois parties, ce qui peut être facilement associé aux querelles sévissant au sein de la rédaction.

Composition avec « Lacerba », 1915
Huile sur toile, 65 x 54 cm
Collection particulière

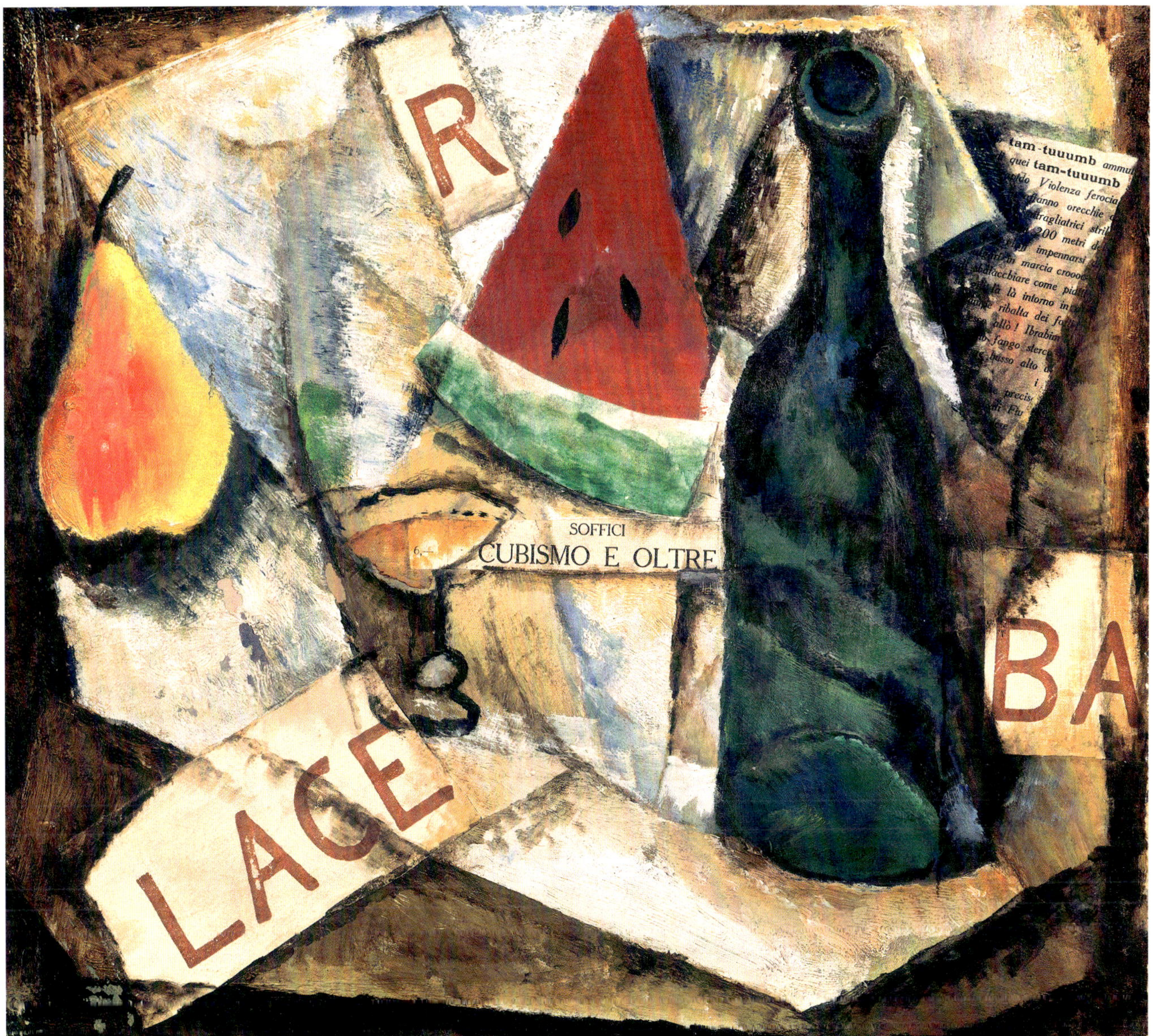
R
SOFFICI
CUBISMO E OLTRE
tam-tuuumb
quei tam-tuuumb
LACE
BA